W.-D. Jägel

GRUNDLAGEN DEUTSCH

Herausgegeben von Johannes Diekhans
Erarbeitet von Annette Kirchhoff, Isabel Kirchhoff
und Kirsten Levermann

Rechtschreibung üben

D1722498

9/10. Schuljahr

Schöningh

© 2010 Bildungshaus Schulbuchverlage
Westermann Schroedel Diesterweg Schöningh Winklers GmbH
Braunschweig, Paderborn, Darmstadt

www.schoeningh-schulbuch.de
Schöningh Verlag, Jühenplatz 1– 3, 33098 Paderborn

Druck 5 4 3 2 1 / Jahr 2014 13 12 11 10
Die letzte Zahl bezeichnet das Jahr dieses Druckes.

Illustrationen: Matthias Berghahn, Bielefeld
Umschlaggestaltung: INNOVA, Borchen
Druck und Bindung: westermann druck GmbH, Braunschweig

ISBN 978-3-14-025197-6

Inhaltsverzeichnis

Liebe Schülerinnen und Schüler,

in den unterschiedlichsten Bereichen des Lebens ist es erforderlich, richtig schreiben zu können. Auch wenn sich inzwischen eine eigene SMS-, Mail- oder Chatsprache eingebürgert hat, die sich nicht an den offiziellen Regeln der Rechtschreibung orientiert und sich durch manchmal kreative Neuschöpfungen auszeichnet, ist es vielfach notwendig, die Regeln der Rechtschreibung zu kennen und anwenden zu können. Wer Briefe, Bewerbungen, Aufsätze, Protokolle usw. schreibt, muss dieses gewöhnlich auf der Grundlage des offiziellen Regelwerks tun.

Rechtschreibung üben 9/10 knüpft an die vorherigen Bände für die Jahrgangsstufen 5–8 an und ist in gleicher Weise aufgebaut:

Zunächst werden zu den wichtigsten Bereichen der Rechtschreibung immer einige einfach formulierte Regeln vorangestellt, die euch helfen, die sich anschließenden Aufgaben zu bearbeiten. Bei den Aufgaben geht es sowohl um einfache Wörterübungen als auch um solche Übungen, die sich auf schwierigere Texte beziehen.

Am Schluss der einzelnen Kapitel stehen zunächst ein paar Übungen, mit denen ihr überprüfen könnt, was ihr alles gelernt habt und ob ihr schon sicherer geworden seid.

Anschließend werden noch einmal die wichtigsten Regeln zu dem Rechtschreibproblem in einer Haltestelle zusammengefasst. Damit könnt ihr euch schnell einen Überblick verschaffen und nachschlagen, wenn ihr euch nicht mehr so sicher seid, wie etwas geschrieben wird.

Aber es geht nicht nur darum, mit Regeln umzugehen. Es gibt noch weitere Hilfen zur Rechtschreibung. Manchmal kann es wichtig sein, genau hinzuhören und deutlich zu sprechen oder ein Wort zu verlängern und nach weiteren Wörtern aus der Wortfamilie zu suchen. Ein ganz wichtiger Tipp ist es auch, Wörter zu schreiben und sie sich auf diesem Weg einzuprägen. Auch hierzu erhaltet ihr in diesem Buch zahlreiche Übungen.

Am Ende des Buches sind noch einige Beispiele abgedruckt, was euch erwarten könnte, wenn ihr im Rahmen eines Bewerbungsverfahrens einen Test, der sich oft auch auf die Rechtschreibung bezieht, ableisten müsst.

Dort, wo neben den Aufgaben dieses Zeichen steht, sollt ihr die Lösungen in ein Heft schreiben. Oft könnt ihr sie jedoch auch direkt in das Buch eintragen.

Das Lösungsheft macht es euch möglich, selbstständig zu kontrollieren, ob ihr alles richtig gemacht habt und welche Übungen ihr wiederholt bearbeiten solltet.

Neben diesem Buch benötigt ihr noch ein Wörterbuch, um nachschlagen zu können, wenn ihr euch nicht sicher seid.

Und nun viel Spaß und Erfolg bei der Arbeit.

Tipps zur Rechtschreibung

Wenn du dir nicht sicher bist, wie ein Wort geschrieben wird, kannst du in vielen Fällen einfache Verfahren anwenden:

1. Genau zuhören und deutlich sprechen

Für die Rechtschreibung ist es ganz entscheidend, ob ein Vokal kurz oder lang ausgesprochen wird. Deshalb solltest du immer genau hinhören und ganz deutlich sprechen.

die Hüte	die Hütte
lahm	das Lamm

Doppellaute (Diphthonge) werden immer lang ausgesprochen.

der Hai, reisen, das Heu, der Zaun, die Träume

2. Schreibweisen durch Verlängern und Ableiten erklären

Wenn du unsicher bist, wie ein Wort geschrieben wird, kannst du es verlängern. Zu einem Nomen/Substantiv kannst du den Plural bilden, zu einem Verb den Infinitiv und ein Adjektiv kannst du steigern.

das Haus	die Häuser
du gibst	geben
großzügig	großzügiger

3. Auf die Wortfamilie achten

Oft gehören die Wörter zu einer Wortfamilie. Wenn du weißt, wie man ein Wort richtig schreibt, kannst du meistens auch alle anderen Wörter aus der Wortfamilie richtig schreiben.

der Wind	windig, die Windenergie, windstill, das Windrad, windgeschützt, das Windlicht
festlich	der Festsaal, das Fest, das Festessen, die Festbeleuchtung, die Festhalle

4. Auf die Wortart achten

Für die Rechtschreibung ist es ganz wichtig, die unterschiedlichen Wortarten zu kennen. Du weißt, dass man Substantive/Nomen immer großschreibt. Adjektive und Verben schreibt man zum Beispiel klein.

Substantive/Nomen	das Zeugnis, das Praktikum, der Abschluss
Adjektive	aufregend, neu, mutig, schön, laut
Verben	lachen, laufen, reiten, lesen, feiern

Wörter, die ursprünglich keine Nomen/Substantive sind, schreibst du groß, wenn sie im Satz wie ein Nomen/Substantiv gebraucht werden. Du erkennst sie daran, dass sie sehr oft von einem Artikel, einer Präposition mit eingeschlossenem Artikel oder einer Mengenangabe begleitet werden.

Beim Reiten habe ich mir den Arm gebrochen.
Ich habe mir gestern etwas Schönes gekauft.

5. Merksätze anwenden
- „Nach l, m, n, r, das merke ja, steht nie tz und nie ck." (Arzt, Lenker)
- „Kurz, betont und einfach macht oft den Konsonanten zweifach."(wissen, kennen, können)
- „Kannst du *dieses, welches, jenes* einsetzen, wird *das* mit einfachem s geschrieben."
- „Wer nämlich mit h schreibt, ist nicht dämlich, sondern hat einen Fehler gemacht."

1 Im folgenden Text sind die unterstrichenen Wörter falsch geschrieben. Welcher Tipp kann dir bei der richtigen Schreibweise helfen? Trage die passende Nummer aus dem Regelkasten S. 8 und 9 in die jeweilige Klammer ein und schreibe das Wort dann noch einmal richtig über das falsche Wort.

Übers Wasser: Die Brooklyn-Bridge

Die Brooklyn Bridge, die 1883 eingeweiht wurde, verbindet die beiden Stadtteile Brooklyn und Manhattan miteinander. Der Bau dieser wunderschönen brücke ( ) ist eng mit einem tragischen Familienschicksal verknüpft.

Die Baupläne fertigte der Technikbegeisterte ( ) Architekt John August Roeb-

ling, der 1831 seine kleine Heimatstadt Mühlhausen in Thüringen verlasen ( ) hatte, um sich ein neues Leben in Amerika aufzubauen. Bis es ihm jedoch ge-

lang, beruflich <u>Fuss</u> (   ) zu fassen, und sich einen Namen als Brückenbauer zu machen, vergingen harte Jahre <u>voler</u> (   ) Entbehrungen.

Als Roebling im kalten Winter 1857 mit seinem 15-jährigen Sohn auf einem Schiff auf dem East River festsaß, weil starke Strömung und Eisschollen die <u>Überfart</u> (   ) zwischen Brooklyn und Manhattan behinderten, reifte in ihm die Idee, beide Stadtteile über eine Hängebrücke zu verbinden. Doch der New Yorker <u>Stadtrad</u> (   ) wehrte sich lange gegen dieses Projekt. Zwölf Jahre kämpfte Roebling für seinen <u>Traumm</u> (   ), bis die Bauarbeiten 1869 <u>entlich</u> (   ) beginnen konnten. Doch bereits einige Wochen später verletzte er sich bei den <u>vermessungsarbeiten</u> (   ) für das Fundament. Sein rechter Fuß wurde <u>nähmlich</u> (   ) von einer Fähre eingeklemmt und <u>muste</u> (   ) amputiert werden. Die Wunde entzündete sich und Roebling <u>starp</u> (   ) drei Wochen später am Wundstarrkrampf. Nun <u>übernam</u> (   ) sein Sohn Washington Roebling die Bauleitung. Doch auch er verletzte sich drei Jahre später während der Bauarbeiten so schwer, <u>das</u> (   ) er von der Hüfte abwärts gelähmt <u>bliep</u> (   ) und die Bauarbeiten nur noch vom Fenster seiner Wohnung aus verfolgen konnte. Seine Frau Emily wurde nun die Vermittlerin zwischen Baustelle und Wohnung und übernahm die Funktion der stellvertretenden Bauleiterin. Um die Bauarbeiten <u>Fachgerecht</u> (   ) betreuen zu können und ihrem Mann ein realistisches Bild von den <u>arbeiten</u> (   ) zu geben, studierte sie parallel Mathematik und Ingenieurswissenschaften. Nach einer Bauzeit von 13 Jahren wurde die <u>Brüke</u> (   ) feierlich eingeweiht. Die New Yorker allerdings <u>wakten</u> (   ) den Gang über die Brücke erst, als der <u>zirkus</u> (   ) Barnum mit 21 Elefanten über die Brücke ging und damit ihre Tragfähigkeit <u>bewieß</u> (   ).

2 In den beiden folgenden Texten findest du einige Wörter, die falsch geschrieben sind. Streiche die Wörter durch und schreibe sie richtig darüber. Schreibe an den Rand die Ziffern der Tipps, mit denen du dir jeweils helfen kannst (s. S. 8 f.).

Tief ins Meer: der Eurotunnel

Der Eurotunnel verbindet Frankreich und England, genauer gesagt Folkstone und Calais auf eine besondere Weise miteinander, nähmlich 40 Meter unter

dem Meeresboden des Ärmelkanals. Damit ist er der länkste Unterwassertunnel der Welt.

Bereits Mitte des 18. Jahrhunderts gap es die ersten Vorschläge, England und
Frankreich zu verbinden. Realisiert wurde dieses Grossprojekt jedoch erst sehr
viel später. 1987 begannen die aufwendigen Arbeiten für dieses Großprojekt.

Die Arbeiter fingen sowohl von der Englischen als auch von der Französischen
seite aus an, den Tunnel zu bauen. Um sowohl Arbeiter als auch Material an den
Tunelkopf zu bringen und den Abraum hinauszubefördern, wurden Tunnelbohrmaschinen konstruiert. Diese waren mit einem rotierenden Bohrkopf mit Stahl-
zehnen ausgestattet, die sich durch die fast wasserdichte Kalkschicht unter dem
Meer fressen konnte, sie reumten den Schutt über Förderbänder weg, bauten
die Betonfertigteile ein und verlekten auch die Schienen. Rund um die Uhr arbeiteten an diesen Maschinen bis zu 50 Tunnelbauer, die zu den Meistern ihres
handwerks zählten. An Lant unterstützten die Ingenieure mithilfe computergesteuerter Laserstrahlen den Bau unter Wasser. Dabei waren die Computerberechnungen so exakt, dass die Tunnelenden nur zwei zentimeter voneinander
abwichen, als Franzosen und Engländer am 1. Dezember 1990 aufeinander
stiessen und den Durchbruch schaften.

Vier Jahre später dann, nämlich 1994, rollten die ersten züge durch den Tunnel:
In 35 Minuten geht es nun unter dem Meer von Calais nach Folkstone und
wieder zurück.

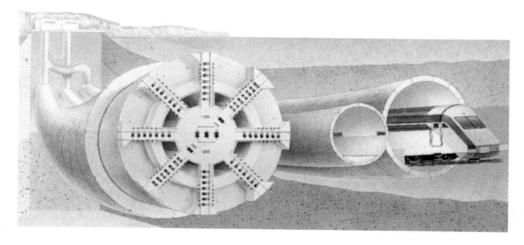

3 Verfahre wie in Aufgabe 2.

Hoch in den Himmel: Der Burj Dubai

Mit über 800 metern und mehr als 160 Stockwerken ist der Burj Dubai, der in Dubai steht, dass höchste Gebäude der Welt.

Wenn das Weter gut ist, kann man seine Spitze aus einer Entfernung von runt 100 Kilometern sehen. Statiker haben alle möglichen Naturkatastrophen am Computer simuliert, um herauszufinden, ob ein so hoher Turm auch sicher ist. Berechnet wurde beispielsweise, wie er häftige Stürme aushält. Ungefähr drei Meter wird der Obere Teil hin- und herschwanken, sonst passiert aber nichts.

Fünf Jahre hat es gedauert, um dieses impossante Gebäude fertigzustellen. Um die bauphase möglichst kurz zu gestalten, wurde im Dreischichtbetrieb gearbeitet. Ungefähr 2400 Personen arbeiteten ständig auf der Baustelle, die während der Nachtschicht das gantze Viertel hell erleuchtete. Bevor in die Höhe gebaut werden konte, ging es erst einmal bis zu 50 Metern in die Tiefe. 850 dicke Betonpfeiler Verankern den Turm in der Erde.

Darüber wurde eine masive Platte aus Stahlbeton gegossen. Dann erst konnte das Gebäude Stockwerk um Stockwerk wachsen. 54 Aufzüge werden die Stockwerke miteinander verbinden, der schnelste von ihnen erreicht eine Höchstgeschwindigkeit von 65 km/h. Die Nutzfläche von über 4000000 m^2 wirt für noble Apartments, Riesengroße Büroreume, für ein Luxushotel und mehrere Restaurants gebraucht. Jede Menge Freizeitangebote für Jung und Alt wird es auch geben: Geplant sind mehrere Swimmingpools, eine Eißlaufbahn und ein riesiges Aquarium, dass sich über mehrere Etagen erstreckt.

Mit dem Wörterbuch arbeiten

Im Wörterbuch sind alle Wörter nach dem Alphabet geordnet. Haben sie denselben Anfangsbuchstaben, ordnest du sie nach dem zweiten Buchstaben, ist der dritte derselbe, ordnest du sie nach dem vierten Buchstaben und so geht es immer weiter.

Schlüssel, Schlüsselbegriff, Schlüsseldienst, Schlüsselerlebnis, Schlüsselkind, Schlüsselqualifikation, Schlüsselwort

Die Nomen/Substantive werden immer im Singular angegeben, die Verben stehen im Infinitiv und die Adjektive in der Grundstufe (im Positiv)

die Organismen   Singular: der Organismus
er lacht   Infinitiv: lachen
schöner   Grundstufe: schön

Damit man die Wörter schneller findet, arbeiten viele Wörterbücher mit Kopfwörtern. Auf der linken oberen Seite steht dann das erste Wort, mit dem eine Seite anfängt, rechts davon steht das Wort, mit dem eine Seite aufhört.

Im Wörterbuch kannst du auch oft nachschlagen, wie du ein Wort richtig trennst, welches Genus (grammatisches Geschlecht) es hat und wie die Pluralform und die Genitivendung lauten. Oft stehen in einem Wörterbuch auch Erklärungen zu schwierigen Wörtern.

Di/alekt, der, (e)s, -e, (griechisch. Mundart)

Trennung   Di-alekt
Genus   Maskulinum
Genitivendung   (des) Dialekt(e)s
Pluralendung   (die) Dialekte
Bedeutung   Mundart

1 Schreibe auf, in welcher Reihenfolge die folgenden Wörter im Wörterbuch stehen.

Dachboden, Dachgarten, Dachs, Dach, Dachorganisation, Dachpappe, Dachfonds, Dachgesellschaft, Dachkonstruktion, Dachschaden

2 Wie stehen die folgenden Wörter im Wörterbuch?

die Bälle

besser   _____

sie tanzt   _____

glücklicher   _____

die Riten   _____

höher   _____

er taucht   _____

es scheppert   _____

die Dogmen   _____

3 Welche der folgenden Wörter stehen zwischen den Leitwörtern Galanterie und Galvanometer? Kreise sie ein.

Galerie, Gallseife, Gans, galant, Gabel, Galeere, Galgenfrist, Galicien, Galvani, galoppieren, Gambia, Gallium, Gangster, Ganglienzelle, Gang, Galgantwurzel

Galanterie – Galvanometer

ritterlich; aufmerksam); galante Dichtung (in Europa um 1700); galanter Stil (eine Kompositionsweise des 18. Jh.s in Deutschland) ↑K89
Ga|lan|te|rie, die; -, ...ien (Höflichkeit [gegenüber Frauen])
Ga|lan|te|rie|wa|ren *Plur.* (veraltet für Schmuck-, Kurzwaren)
Ga|lant|homme [...'ɔm], der; -, -s, -s ⟨franz.⟩ (veraltet für Ehrenmann)
Ga|la|pa|gos|in|seln *Plur.* (zu Ecuador gehörend)
Ga|la|tea (griech. Meernymphe)
Ga|la|ter *Plur.* (griech. Name der Kelten in Kleinasien); **Ga|la|ter|brief**, der; -[e]s ↑K64 *(N. T.)*
Ga|la|uni|form; **Ga|la|vor|stel|lung**
Ga|la|xie, die; -, ...xien (griech.) *(Astron.* großes Sternsystem); **Ga|la|xis**, die; -, ...xien (die Milchstraße *[nur Sing.]*; selten für Galaxie)
Ga|l|ba (röm. Kaiser)
Gä|le, der; -n, -n (irisch-schottischer Kelte)
Ga|le|as|se, die; -, -n ⟨ital.⟩ (Küstenfrachtsegler; *früher* größere Galeere)
Ga|lee|re, die; -, -n (Ruderkriegsschiff); **Ga|lee|ren|skla|ve**; **Ga|lee|ren|sträf|ling**
Ga|len, **Ga|le|nus** (altgriech. Arzt)
Ga|le|nik, die; - ⟨nach dem Arzt Galen⟩ (Lehre von den natürlichen [pflanzlichen] Arzneimitteln); **ga|le|nisch**; galenische Schriften ↑K89 u. 135
Ga|le|o|ne, **Ga|li|o|ne**, die; -, -n ⟨niederl.⟩ (mittelalterl. Segel[kriegs]schiff)
Ga|le|o|te, **Ga|li|o|te**, die; -, -n (der Galeasse ähnliches kleineres Küstenfahrzeug)
Ga|le|rie, die; -, ...ien ⟨ital.⟩; **Ga|le|rist**, der; -en, -en (Besitzer, Leiter einer Galerie); **Ga|le|ris|tin**
Gal|gant|wur|zel ⟨arab.; dt.⟩ (heilkräftige Wurzel)
Gal|gen, der; -s, -
Gal|gen|frist; **Gal|gen|hu|mor**; **Gal|gen|strick** (Galgenvogel); **Gal|gen|vo|gel** *(ugs. für* Strolch, Taugenichts)
Ga|li|ci|en (autonome Region in Spanien); *vgl. aber* Galizien; **Ga|li|ci|er**; **ga|li|cisch**
Ga|li|läa (Gebirgsland westl. des Jordans); **Ga|li|lä|er**; **Ga|li|lä|e|rin**; **ga|li|lä|isch**; *aber* ↑K140 : das Galiläische Meer (See Genezareth)

Ga|li|lei (ital. Physiker)
Ga|li|ma|thi|as, der u. das; - ⟨franz.⟩ (veraltend für verworrenes Gerede)
Ga|li|on, das; -s, -s ⟨niederl.⟩ (Vorbau am Bug älterer Schiffe; Galione vgl. Galeone; **Ga|li|ons|fi|gur**
Ga|li|o|te vgl. Galeote
Ga|li|pot [...'po], der; -s ⟨franz.⟩ (ein Fichtenharz)
gä|lisch; gälische Sprache (Zweig des Keltischen); *vgl.* deutsch; **Gä|lisch**, das; -[s] (Sprache); *vgl.* Deutsch; **Gä|li|sche**, das; -n; *vgl.* Deutsche, das
Ga|li|zi|en (*früher für* Gebiet nördl. der Karpaten); *vgl. aber* Galicien; **Ga|li|zi|er**; **Ga|li|zi|e|rin**; **ga|li|zisch**
Gall|ap|fel (kugelförmiger Auswuchs an Blättern usw.)
¹Gal|le, die; -, -n (Geschwulst [bei Pferden]; Gallapfel)
²Gal|le, die; -, -n (Sekret der Leber; Gallenblase)
gal|le[n]|bit|ter
Gal|len|bla|se; **Gal|len|gang**, der; **Gal|len|ko|lik**; **Gal|len|lei|den**; **Gal|len|stein**; **Gal|len|tee**
gal|len|trei|bend
Gal|len|we|ge *Plur.*

Galerie
Das Substantiv *Galerie* wird – trotz kurz gesprochenem *a* – dem französischen Vorbild *galérie* folgend mit nur einem *l* geschrieben.

Gal|lert [*auch* ...'le...], das; -[e]s, -e ⟨lat.⟩ (durchsichtige, steife Masse aus eingedickten pflanzl. od. tier. Säften); **gal|lert|ar|tig**
Gal|ler|te [*auch* 'ga...], die; -, -n (*svw.* Gallert); **gal|ler|tig**
Gal|lert|mas|se
Gal|li|en (röm. Name Frankreichs); **Gal|li|er**; **gal|li|e|rin**
gal|lig *(zu* ²Galle) (gallebitter; verbittert); galliger Humor
gal|li|ka|nisch; gallikanische *[kath.]* Kirche (in Frankreich vor 1789)
gal|lisch *(zu* Gallien)
Gal|li|um, das; -s (chemisches Element, Metall; *Zeichen* Ga)
Gal|li|zis|mus, der; -, ...men (*Sprachw.* franz. Spracheigentümlichkeit in einer nichtfranz. Sprache)
Gal|lo|ma|nie, die; - ⟨lat.; griech.⟩

(übertriebene Vorliebe für alles Französische)
Gal|lo|ne, die; -, -n ⟨engl.⟩ (brit.-amerik. Hohlmaß)
gal|lo|ro|ma|nisch (den roman. Sprachen auf gallischem Boden angehörend, von ihnen abstammend)
Gall|sei|fe
Gal|lup|in|s|ti|tut, **Gal|lup-In|s|ti|tut** [*auch* 'gelap...], das; -[e]s ↑K136 ⟨nach dem Gründer George H. Gallup⟩ (amerik. Meinungsforschungsinstitut)
Gal|lus (m. Eigenname)
Gal|lus|säu|re, die; - ⟨zu ¹Galle⟩; **Gal|lus|tin|te**
Gall|wes|pe
Gal|mei [*auch* 'gal...], der; -s, -e ⟨griech.⟩ (Zinkerz)
Ga|lon [...'lõ], der; -s, -s ⟨franz.⟩; **Ga|lo|ne**, die; -, -n ⟨ital.⟩ (Borte, Tresse); **ga|lo|nie|ren** (mit Borten, Tressen usw. besetzen)
Ga|lopp, der; -s, *Plur.* -s u. -e ⟨ital.⟩; **Ga|lop|per**; **Ga|lop|pe|rin**
ga|lop|pie|ren; **Ga|lopp|renn|bahn**; **Ga|lopp|ren|nen**
Ga|lo|sche, die; -, -n ⟨franz.⟩ (veraltend für Überschuh; *ugs. für* ausgetretener Schuh)
Gals|wor|thy ['gɔ:lsvø:ɵi] ⟨engl. Schriftsteller⟩
¹galt (*bayr., österr., schweiz. für* [von Kühen, Ziegen] keine Milch gebend; *vgl.* ¹gelt)
²galt *vgl.* gelten
Galt|vieh (*bayr., österr., schweiz. für* Jungvieh; Kühe, die keine Milch geben)
Gal|va|ni (ital. Naturforscher)
Gal|va|ni|sa|ti|on, die; - ⟨nlat.⟩ (*Med.* therapeutische Anwendung des elektr. Gleichstroms)
gal|va|nisch; galvanischer Strom; galvanisches Element ↑K89
Gal|va|ni|seur [...'zø:ɐ], der; -s, -e ⟨franz.⟩ (Facharbeiter für Galvanotechnik); **gal|va|ni|sie|ren** (durch Elektrolyse mit Metall überziehen)
Gal|va|nis|mus, der; - ⟨nlat.⟩ (Lehre vom galvanischen Strom)
Gal|va|no, das; -s, -s ⟨lat.⟩ (*Druckw.* galvanische Abformung eines Druckstockes)
Gal|va|no|kaus|tik (*Med.* Anwendung des Galvanokauters); **Gal|va|no|kau|ter** (auf galvanischem Wege glühend gemachtes chirurg. Instrument)
Gal|va|no|me|ter, das; -s, - (Strommesser)

Fülle mithilfe deines Wörterbuchs die Tabelle aus.

Galosche, Corvey, Abonnement, Hippiatrik, Kladozere, Pendolino, Tramp, Zivilisation, Galsworthy, Überspannung, Solist, Betatest, Dogma, Ramskopf

Nomen/ Substantiv	Silben- trennung	Genus	Pluralform	Bedeutung
Galosche				

Teste dein Wissen 1

GETESTET

1 Schlage die Wörter, die unterstrichen sind, im Wörterbuch nach, schreibe sie richtig in dein Heft und gib die Seitenzahl aus dem benutzten Lexikon an.

Antoni Gaudí

Die Baukunst ist die <u>elteste</u> der bildenden <u>Künnste</u>. Sie entwickelte sich mit dem Drang der Menschen, <u>seßhaft</u> zu werden und auf Dauer an einer Stelle zu wohnen. Die <u>Architecktur</u> eines Landes sagt viel über seine kulturelle <u>Iden-tietät</u> aus. So hat jedes Land und jede Epoche eigene Baustile entwickelt.

Immer gab es dabei Architekten, die Vordenker waren und den Mut hatten, ihre Vorstellungen und <u>Viesionen</u> umzusetzen. So ein unverwechselbarer Archi-tekt, dessen Stil bis heute <u>Welt weit</u> bewundert wird, ist Antoni Gaudí.

1852 wird Gaudí als Sohn eines Kupferschmieds in einem kleinen spanischen Dorf geboren. Schon als Junge verbringt er viel Zeit in der Werkstatt seines Vaters, da eine <u>Reumaerkrankung</u> ihn daran hinderte, mit den anderen Jungen <u>herum zu toben</u>. Stattdessen guckt er seinem Vater beim Arbeiten zu und be-obachtet aus dem Werkstattfenster heraus die Natur. Seine Leidenschaft für Formen, Farben und unterschiedlichste Materialien bewegen ihn nach seiner Ausbildung als Schmied dazu, Architektur zu studieren. Von 1873 bis 1878 be-sucht er die Architektenschule in <u>Barcellona</u>. Dort fällt er besonders als <u>kreatiwer</u> und <u>herrvorragender</u> Zeichner auf. In diesem Bereich überflügelt er seine <u>Kommolitonen</u> weit.

Gaudís Arbeiten zeichnen sich durch eine besondere Originalität und Extrava-ganz aus, die ihn von seinen <u>zeitgenösischen</u> Kollegen abgrenzen. Seine Werke sind außerhalb der Norm, gelten als revolutionär und machten die spanische Architektur der Moderne weltweit berühmt. <u>Konstrucktionen</u> aus gerundeten Steinen, in sich verschlungene Eisenskulpturen, Verzierungen mit bunten Kera-miken und lebhafte Farben sind <u>charackteristische</u> Merkmale seines architekto-nischen Schaffens. Scheinbar enthalten seine Bauten keine gera-den Linien, sie bestechen durch ihre organisch und <u>fliessend</u> wirkende Formen.

Gaudí war auch ein besonders vielseitiger Künstler, der sich nicht festlegen lassen wollte. So plante er Woh-nungen, Stadthäuser, Schulen, Kirchen und Garten-landschaften. Gaudís Werk hat maßgeblich das Stadtbild von Barcelona <u>gepregt</u>. Seine Arbeiten sind über das <u>gesammte</u> Stadtgebiet verteilt.

Hier starb er auch am 10. Juni 1926 an den Folgen eines Verkehrsunfalls.

Schwierige Konsonanten

Der f-Laut

f sprechen – f schreiben

Für den f-Laut gibt es vier verschiedene Schreibweisen: f, pf, v und ph. Als ph wird der f-Laut in Fremdwörtern wiedergegeben (siehe S. 117 ff.).

die Physik, die Strophe, prophezeien

Meistens schreibst du den f-Laut f: Der Fußball, die Kufe, fallen, offen

Nach dem Konsonanten n schreibst du den f-Laut immer f: der Senf, sanft, fünf

1 In den Fächern findest du Substantive/Nomen, Verben und Adjektive mit f. Finde sie und übertrage sie auf die richtige Karteikarte. Ergänze bei den Substantiven/ Nomen den Artikel. Der Anfangsbuchstabe ist blau markiert.

M S I T I R C F H T	R Ö E R D R N F	U K S N F A U T	F A Ü G I H	R L F M E M O
F O S T L R N E F	E N L A I F E N L	F F C A N H F Ü	F E R S A V E C N H F	G I S R O F Ä T G L
F I G P G F I F	O F N T S F I T I L E	N E I G E R N U Z F	D E F N I N	R I H S C F

Nomen	Verben	Adjektive

Deutlich sprechen – pf schreiben

Da der f-Laut und der pf-Laut fast gleich klingen, hilft dir bei der Unterscheidung eine deutliche Aussprache.

Flug – Pflug, fand – Pfand, futsch – Pfusch, Torf –Topf

Das p und f im Wortinnern kannst du voneinander getrennt aussprechen.

Das Kupfer, der Apfel, der Gipfel, zupfen, tupfen, schlüpfen

Nach dem Konsonanten m schreibst du in einfachen Wörtern immer pf.

Der Strumpf, der Rumpf, kämpfen, impfen, auftrumpfen, schrumpfen

Beachte dagegen um-fallen, umfüllen, umfassen.

2 Füge die richtigen Buchstaben für den f-Laut ein und unterscheide die Bedeutung der Begriffe, indem du ein Stichwort oder eine kurze Erklärung ergänzt.

- der <u>F</u>lug   von fliegen
- die ___eile _____
- der ___und _____
- die ___locke _____
- der ___legel _____
- ___ade _____
- er ___ährt _____

- der <u>Pf</u>lug   Beackerungsgerät
- die ___eile _____
- das ___und _____
- der ___lock _____
- die ___lege _____
- die ___ade _____
- das ___erd _____

f sprechen – v schreiben

Es gibt nicht viele Wörter, in denen du ein f hörst und ein v geschrieben wird. Am besten lernst du sie auswendig. Denke auch an Ableitungen und Wortzusammensetzungen:

der Vater, das Veilchen, der Vetter, das Vieh, der Vogel, das Volk, der Nerv, viel, vielleicht, vier, voll, von, vor, vorn, vordere

Die Vorsilben vor- und ver- schreibst du immer mit v.

Die Vorwarnung, der Verstand, vorstellen, verlaufen, vorlaufen, verändern

3 Bilde Ableitungen und/oder Wortzusammensetzungen.

Der Vater   das Vaterland, väterlich

der Nerv

das Vieh

voll

vordere

vor

viel

4 Überlege dir jeweils fünf Nomen/Substantive und Verben mit ver- und vor-.

Substantive/Nomen mit Ver-:   die Versicherung,

Substantive/Nomen mit Vor-:   das Vorbild,

Verben mit ver-:   verkaufen,

Verben mit vor-:   vorhalten,

5 Füge in den Text die fehlenden Buchstaben ein.

Wie_____unktioniert unser Gedächtnis?

Hirn_____orscher gehen da_____on aus, dass das menschliche Gehirn drei Gedächtnissysteme besitzt, denen jeweils bestimmte Au_____gaben bei der _____erarbeitung des Lernsto_____s und seiner Abspeicherung zukommen.

Sensorisches Gedächtnis

Es speichert die eintre_____enden Reize für Bruchteile von Sekunden. Die _____erschiedenen Sinne, mit denen wir diese in_____ormationen au_____nehmen, bezeichnet man als Eingangskanäle. Diese sind der Sehsinn, der Hörsinn, der Tastsinn, der Geruchssinn und der Geschmackssinn. Der größte Teil der eingehenden In_____ormationen bleibt im _____ilter hängen, besonders dann, wenn sie im Moment der Au_____nahme keine große Bedeutung haben oder wenn ihnen keine besondere Au_____merksamkeit beigemessen wird. Wenn sie aber als interessant em_____unden werden und sie mit Ge_____ühlen oder persönlichen Er_____ahrungen _____erknü_____t sind, können sie leichter den _____ilter zum nächsten Speicher passieren. Dann gelangen sie in das Kurzzeitgedächtnis.

Kurzzeitgedächtnis

In diesem Speicher _____erweilen die eintre_____enden In_____ormationen etwa 30 Minuten. Wer diesen Lernsto_____ vernün_____tig und konzentriert mit allen Sinnen _____erarbeitet, behält ihn länger und kann ihn später wieder abru_____en. Mit allen Sinnen er_____assen heißt, die In_____ormation zu ordnen, sie zu _____eranschaulichen, au_____zuschreiben und _____orzulesen.

Langzeitgedächtnis

Hier werden die ankommenden Informationen dauerha_____t gespeichert. Dabei stehen uns gespeicherte Informationen entweder bewusst oder unbewusst zur Ver_____ügung. Bewusst sind uns die Inhalte des episodischen Gedächtnisses, das unsere eigene Lebensgeschichte speichert. Das semantische Gedächtnis dagegen ist für unser _____aktenwissen _____erantwortlich: Es nimmt den Namen der _____innischen Hauptstadt ebenso au_____ wie die chemische _____ormel für Wassersto_____. Unser Gehirn erinnert sich an _____iel mehr, als uns bewusst ist, etwa an Bewegungsabläu_____e: Beim Rad_____ahren erinnern wir uns unbewusst daran, welche Muskeln wann aktiviert werden müssen. Ein Sprichwort sagt: „Lernen und Erinnern ist ein stetiger Kam_____ gegen das _____ergessen." Du kannst über das _____ergessen trium_____ieren, wenn du dein Gedächtnis durch regelmäßige Wiederholungs_____asen _____legst. So gelangt das Wissen immer wieder an die „Ober_____läche" und bleibt dort zukün_____tig _____er_____ügbar.

Gleich und ähnlich klingende Konsonanten am Wortende/Silbenende

b – p, d – t, g – k am Wortende und vor t unterscheiden

Die Buchstaben b und p, d und t sowie g und k sind am Wortende schwierig zu unterscheiden. Durch Verlängerungsproben kannst du sofort hören, wie der Laut geschrieben wird.
Bilde bei Nomen/Substantiven den Plural, bei Verben den Infinitiv und bei Adjektiven den Komparativ (die 1. Steigerungsform).

der Freund	die Freunde
die Zeit	die Zeiten
er klebt	kleben
sie pumpt	pumpen
stark	stärker
lang	länger

6 Trage in die Wortsterne die fehlenden Buchstaben ein.

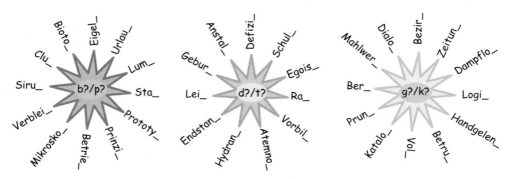

Bioto_ Eigel_ Urlau_
Clu_ Lum_
Siru_ b?/p? Sta_
Verblei_ Prototy_
Mikrosko_ Betrie_ Prinzi_

Anstal_ Defizi_ Schul_
Gebur_ Egois_
Lei_ d?/t? Ra_
Endstan_ Vorbil_
Hydran_ Atemno_

Mahlwer_ Dialo_ Bezir_ Zeitun_
Ber_ Dampflo_
g?/k? Logi_
Prun_ Handgelen_
Katalo_ Vol_ Betru_

-ig und -lich am Wortende unterscheiden

Die Adjektivendungen -ig und -lich klingen oft gleich. Du erkennst die richtige Schreibweise, indem du die Adjektive steigerst oder einem Nomen/Substantiv voranstellst.

mehlig   mehlige Kartoffeln
umständlich   umständlicher   am umständlichsten

7 Vervollständige die Tabelle. Bilde mit den Adjektiven Sätze und schreibe sie in dein Heft.

-ig oder -ich?	Verlängerungsprobe	richtige Schreibweise
unzähli?	unzählige Zuschauer	unzählig
windi?		
stritti?		
einheitl?		
widerwärti?		
menschl?		
unvermeidl?		
lästi?		
sommerl?		
abfälli?		

end und ent unterscheiden

Die Schreibweise des Wortbausteins end kannst du folgendermaßen von dem Präfix (der Vorsilbe) ent- unterscheiden:
Der Wortstamm end- ist immer betont und hat etwas mit Ende/Schluss zu tun.
Das Präfix (die Vorsilbe) ent- ist immer unbetont und hat nichts mit der Bedeutung Ende/Schluss zu tun. Häufig hat die Vorsilbe die Bedeutung weg oder gibt an, dass sich etwas verändert.

Endlauf, endgültig
Entdeckung, entfliehen

Der Wortbaustein -end hat auch die Aufgabe, das Partizip I/Partizip Präsens zu bilden. Durch die Verlängerungsprobe hörst du sofort, dass es mit d geschrieben wird.

erfrischen	erfrischend	ein erfrischendes Getränk
beruhigen	beruhigend	ein beruhigender Anblick

Wenn von Verben oder Substantiven auf -en Adjektive mit der Endung -lich abgeleitet werden, wird ein sogenanntes Fugen-t eingefügt.

eigen-t-lich, hoffen-t-lich, wöchen-t-lich

Davon musst du die Adjektive mit der Endung -lich unterscheiden, bei denen das d Teil des Wortstammes ist.

Endlich, jugendlich, abendlich

---

8 Ergänze end oder ent. Denke an die richtige Groß- und Kleinschreibung.

____betrag	____los	tug____lich	dräng____
____gegen	____en	____fernung	____behren
wissen____lich	____wurf	glänz____	____lassung
geleg____lich	____lang	umfass____	un____lich
____warnung	____lang	ab____lich	____fassung
ver____en	aneign____	____wurf	____fachen

seid und seit unterscheiden

Bei seid und seit handelt es sich um unterschiedliche Wortarten, die du voneinander unterscheiden musst.

ihr seid   2. Person Plural des Hilfsverbs sein

        Ihr seid sicher an effektiven Lesetechniken interessiert.

seit   zeitlich gebrauchte Präposition (mit dem Dativ)

        Seit dem Projekttag zum „Lernen lernen" habe ich meine Lerngewohnheiten umgestellt.

seit/seitdem   zeitlich gebrauchte Konjunktion

        Seitdem ich mir Notizen mache, kann ich Gelesenes besser behalten.

9 Seid oder seit? Setze die richtige Form ein und bestimme, ob es sich um die konjugierte Verbform (V), die Präposition (P) oder die Konjunktion (K) handelt.

Tipps für das effektive Lesen

- Allein durch wahlloses Unterstreichen behaltet ihr kaum etwas. _____ ( ) also sparsam damit und konzentriert euch auf Aussagen, die bedeutsam sind.

- _____ ( ) einiger Zeit fertige ich bei längeren Texten zusätzlich Notizen an.

- Ich habe mir angewöhnt, auf dem Notizblatt einen breiten Rand zu lassen, auf dem ich noch im Nachhinein Ergänzungen, Fragen oder wichtige Begriffe einfügen kann. _____ ( ) ich das mache, kann ich den Stoff besser ordnen und wiederholen.

- Informationen lassen sich grafisch übrigens auch in einer Mindmap zusammenfassen. Diese Methode wurde von spanischen Mönchen erfunden und existiert schon _____ ( ) dem 16. Jahrhundert.

- Natürlich verwendete man damals noch nicht den heute üblichen englischen Ausdruck. Erst _____ ( ) das Englische Einzug gehalten hat in die Fachsprachen, gibt es diese Bezeichnung für „Gedächtsniskarte".

- Ich habe festgestellt, dass ich die Textinformationen besser verstehen kann, wenn ich sie nicht nur aufschreibe, sondern sie auch in meinen eigenen Worten laut wiedergebe. Auch wenn es euch seltsam vorkommt: _____ ( ) mutig und sprecht euch selbst oder anderen vor, was ihr gerade gelesen habt.

Stadt/stadt, Stätte/statt unterscheiden

Bei bestimmten gleichlautenden Wörtern musst du auf die unterschiedliche Bedeutung bzw. auf die Wortart achten, um die Schreibweise zu ermitteln. Stätte/statt bedeutet Platz/Stelle; Stadt/stadt hingegen größerer Ort.

Außerdem kann statt/anstatt sowohl Präposition (mit dem Genitiv) als auch Konjunktion sein.

Statt eines Buches kaufte Julius eine CD. (Präposition)
Anstatt dass Julius ein Buch kaufte, nahm er eine CD. (Konjunktion)

Hinzu kommen weitere Ausdrücke, in denen statt auftaucht (stattfinden, stattlich, statthaft, stattdessen, an meiner statt, an Eides statt, Bericht erstatten, einem Antrag stattgeben usw.).

Bevor Julius seinem Freund einen Besuch abstattete, kaufte er eine CD. (Verb)

10 Löse das Rätsel.

Randbezirk eines Ortes	_____rand
Rasthaus	Gast_____
Metropole	Groß_____
Spaziergang durch eine Ortschaft	_____bummel
ziemlich groß, eindrucksvoll	_____lich
anstelle von	an_____
Bewohner einer größeren Ortschaft	_____er

Platzhalter, Vertreter _____ _halter_

zurückgeben, ersetzen _er_ _____

beerdigen _be_ _____

 11 D oder t? Streiche den falschen Buchstaben durch.

Computerspiele und Gehirn

Seid/t ihr auch intensive Computerspieler? Dann sind die folgenden Forschungsergebnisse auch für euch interessand/t: Seid/t einigen Jahren untersucht nämlich ein Forscherteam aus Hannover den Einfluss von Computerspielen auf die
Lernleistung von Jugend/tlichen. In einem Experimend/t sollten 360 Versuchspersonen eine Kunstsprache lernen, die sich die Wissenschafd/tler ausgedacht
hatten, sie sollten Vokabeln pauken. Dazwischen gab es aber auch Pausen, in
denen die Teilnehmer mit unterschied/tlichen Beschäftigungen konfrontiert
wurden: Eine Gruppe spielte harte Computerspiele, eine zweite harmlose, nicht
gewald/ttätige Spiele. Die resd/tlichen Teilnehmer bildeten eine Kontrollgruppe:
Sie durften sich beim Tischtennis end/tspannen. Bei allen wurden im Anschluss
daran gemessen, wie viele Vokabeln sie sich schlussend/tlich gemerkt hatten. Seid/
t ihr neugierich/g auf das End/tresultad/t dieser Studie? Zusammenfassend/t ist
fesd/tzustellen, dass diejenigen, die sich nach dem Lernen bewegt haben, eine bis
zu 50 % bessere Lernleistung erbracht haben als die Spieler von gewald/ttätigen

Computerspielen.
Dieses Ergebnis end/
tspricht den Erwar-
tungen der Forscher,
die damit die soge-
nannte Löschungs-
hypothese bestätigd/
t sehen. Nach dieser
Hypothese wird ge-
rade neu aufgenom-

menes Wissen von starken emotionalen Reizen, wie sie beispielsweise bei Computerspielen end/tstehen, überschrieben. Das Neue kann dann nicht mehr richtig abgespeichert werden, weil der Kurzzeitspeicher durch die rasanten Spiele so vollgestopft ist, dass er letztend/tlich überläuft und nur noch Bruchstücke der Informationen ans Langzeitgedächd/tnis weitergeben kann. Wenn ihr euch zum Beispiel nach einer abend/tlichen Lerneinheit zu den Hauptstäd/tten Europas end/tspannen wollt, solltet ihr, anstad/tt den Computer einzuschalten, lieber eine Tätigkeit ausüben, bei der ihr euch bewegd/t.

Der ks-Laut

ks sprechen – x, cks, chs, gs oder ks schreiben

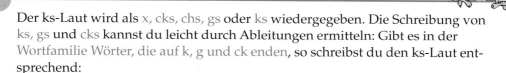

Der ks-Laut wird als x, cks, chs, gs oder ks wiedergegeben. Die Schreibung von ks, gs und cks kannst du leicht durch Ableitungen ermitteln: Gibt es in der Wortfamilie Wörter, die auf k, g und ck enden, so schreibst du den ks-Laut entsprechend:

der Park	die Parks
der Tag	tagsüber
das Leck	des Lecks

Bei Verben verrät dir der Infinitiv, ob die 2. Person Singular (du) ks, gs oder cks geschrieben wird.

schenken	du schenkst
tragen	du trägst
stecken	du steckst

chs schreibst du den ks-Laut in Wörtern, die du nicht ableiten kannst.

die Büchse, das Gewächs, der Erwachsene, die Eidechse, der Sachse, sechs, (ver)wechseln

x schreibst du den ks-Laut vor allem in Fremdwörtern.

die Axt, die Nixe, die Reflexion, der Kontext, das Lexikon, das Exil, das Experiment, Texas, mixen, boxen, exzellent, extrem, paradox, flexibel, komplex

In dem Wörterversteck findest du je vier Wörter, die mit ks, cks, chs oder gs geschrieben werden. Markiere sie und bilde Sätze mit ihnen. Trage sie in dein Heft ein.

F	U	L	A	N	F	A	N	G	S	Z	R	D	S	S	M
U	R	N	B	U	I	T	A	R	H	H	T	R	B	C	V
W	A	C	H	S	T	U	M	V	J	W	N	E	O	H	G
T	X	K	F	A	S	R	Y	I	U	G	S	C	L	W	X
Z	A	I	H	Q	O	I	H	W	P	H	G	H	K	E	F
I	C	G	K	B	K	N	M	U	C	K	S	S	N	N	P
G	D	Z	S	U	J	G	R	Ü	F	O	U	E	I	K	U
H	I	W	Z	Ü	Y	S	B	Z	I	N	X	L	C	S	D
E	M	E	O	E	B	C	S	M	S	F	L	N	K	T	E
N	S	C	Q	S	T	E	N	V	B	E	K	A	S	T	I
D	V	K	H	B	A	D	R	O	R	K	T	C	I	U	H
O	B	S	A	C	Z	R	P	G	Q	S	Z	I	P	P	C
P	G	S	P	S	C	N	U	R	S	T	R	A	C	K	S
B	E	Z	I	R	K	S	L	I	G	A	W	T	V	E	E
A	H	T	D	B	F	D	O	K	G	S	U	S	J	O	L
Q	L	Ä	N	G	S	A	C	H	S	E	D	M	R	P	D
L	J	W	C	N	E	W	F	L	E	H	V	E	J	C	K
W	E	R	K	S	L	E	I	T	E	R	I	M	L	W	E

13 Aus diesem Wortstern kannst du Wörter mit x bilden. Übertrage sie in dein Heft und setze sie sinngemäß in den Lückentext ein. Beachte die grammatikalischen Veränderungen.

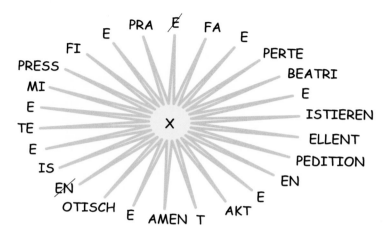

Examen extrem

Um die Abgabe meiner <u>Examen</u>sarbeit gab es eine ziemliche Aufregung.

_____ zwei Tage vor dem Abgabetermin stürzte nämlich mein

Computer ab, wodurch der gesamte _____ gelöscht wurde. Ich

hatte zwar keine aktuelle Kopie auf einem Datenträger, aber zum Glück

_____ eine Version, die ich meiner Freundin _____ per

E-mail geschickt hatte. Ich rief sie _____ an. Allerdings war sie

nicht zu Hause, da sie tagsüber in einer _____ arbeitet. Zur Beru-

higung _____ ich mir einen Multivitaminsaft aus _____

Früchten. Abends erreichte ich sie endlich und bat sie, mir die Unterlagen zu

_____ oder per _____ dienst zu schicken. Am nächsten

Tag bestellte ich einen _____ für die Reparatur des Computers.

So konnte ich die Arbeit noch rechtzeitig abliefern und bestand die Prüfung

mit einer _____ Note. Trotzdem hoffe ich, dass mir das nicht noch

einmal passiert, denn die Aufregung um die gelöschte Datei war anstren-

gender als eine _____ zum Südpol.

Teste dein Wissen 2
GETESTET

1 Setze die richtigen Konsonanten ein.

Der perfekte Star___ in den Ta___

Schokoriegel und Limonade zum Frühstück? Das hört sich ein weni___ e___ -
trem an für die erste Mahlzeit des Tages. Ta___sache ist jedoch, dass
___iele Menschen ein äußerst kohlenhydra___haltiges Frühstück in ___orm
___on Marmeladenbrö___chen und gezuckertem Kaffee zu sich nehmen.
Gemeinhin gilt ein solches Morgenmahl als Energielie___eran___ für das
Gehirn. Doch es hat sich herausgestellt, dass das Gegenteil richti___ ist:
Schnell verfü___barer Zucker am Morgen lähmt das Mer___ - und Denk-
___ermögen, wenn der Ta___ beginnen soll. Das Gehirn braucht zwar Glukose, also Traubenzucker als Trei___stoff, doch ein Überangebo___ führt im
En___effekt dazu, dass das Hormon Cortisol freigesetzt wir___. Das ist
gut für Fluchtreaktionen oder Kam___, aber schlecht für Gedäch___nis-
leistungen. Was sollte man also essen? ___orscher haben ___estgestellt,
dass das Gehirn am besten bei lan___samer und geringer Glukosezufuhr
arbeitet: 25 Gramm Glukose oder 100 Kalorien sind am effekti___sten.
Das en___spricht zum Beispiel einer Banane. Der Stoffwe___sel muss ihre
Kohlenhydra___e erst aufspalten, wodurch das Gehirn nur lan___sam
___ersor___t wird. O___timal sind auch Orangensa___t, ___ollkornhafer-
___locken oder Müsli, wenn es weni___ Scho___olade en___hält. Auch
___ollmilch ist ein sehr geei___neter Energielie___eran___. Warmfrühstücker sind auch mit einem Spiegelei gut bedient. Im Eigel___ be___inden sich
ein paar Kohlenhydrate, während das Weiße pures Eiweiß en___hält. Wer
also im stressigen Schulallta___ einen klaren Ko___ bewahren möchte,
sollte morgens statt weißer Marmeladenbrö___chen besser Bananen-
quar___ essen. So könnte die An___t vor dem Sitzenbleiben ___ielleicht
auch mit einer morgen___lichen Nahrun___umstellung bekäm___t werden.

Haltestelle

Schwierige Konsonanten

1 Der f-Laut wird als f, v, pf und ph wiedergegeben. Meistens schreibst du den f-Laut f.

die Folie, das Fach, das Heft, fleißig

Nach n schreibst du immer f.

Die Zukunft, die Ankunft, die Tischlerzunft, vernünftig, künftig

2 Der f-Laut und der pf-Laut klingen sehr ähnlich.

fahl – der Pfahl, der Flaum – die Pflaume

Im Wortinneren kannst du p und f getrennt voneinander aussprechen.

das Kupfer, schöpfen, lupfen, zapfen

Nach dem Konsonanten m schreibst du in einfachen Wörtern immer pf.

Kampfer, der Rumpf, kämpfen, glimpflich; aber: um-fahren

3 In einigen Fremdwörtern wird der f-Laut mit ph wiedergegeben.

die Philharmonie, der Physiker, philosophieren, katastrophal

4 Die Präfixe (Vorsilben) ver- und vor- schreibst du immer mit v.

das Verständnis, versuchen, vertretbar, die Vorstellung, vorhanden, vorgestern

5 Wenn du Wörter, die auf die ähnlich klingenden Konsonanten b/p, d/t oder g/k enden, verlängerst, hörst du, wie der Laut geschrieben wird. Dies gilt auch für die Adjektivendungen -ig und -lich.

Sie klebt	kleben
das Prinzip	die Prinzipien
das Werk	werken
der Zweig	abzweigen
der Freund	die Freundin
der Stift	die Stifte
fertig	fertige
verständlich	verständliche

6 Der Wortbaustein end hat immer etwas mit Ende/Schluss zu tun oder hat die Aufgabe, das Partizip I/Partizip Präsens zu bilden.

Der Endspurt, die Endziffer, die Unendlichkeit, beenden, endlos

Davon unterscheiden musst du die Vorsilbe ent-, die nichts mit der Bedeutung Ende zu tun hat. Sie hat häufig die Bedeutung weg oder gibt an, dass sich etwas verändert.

die Entwaffnung, die Entwicklung, entführen, entstellen, entsetzlich

7 Bei Adjektiven mit der Endung -lich, die von Verben oder Substantiven/Nomen auf -en abgeleitet sind, wird ein Fugen-t eingefügt.

versehen-t-lich, öffen-t-lich, kenn-t-lich

Davon musst du die Adjektive mit der Endung -lich unterscheiden, bei denen das d Teil des Wortstammes ist.

letztend-lich, jugend-lich, abend-lich

8 Bei manchen Wörtern, die gleich klingen, aber eine unterschiedliche Bedeutung haben, wird diese auch durch eine unterschiedliche Schreibweise gekennzeichnet.

seit – seid
die Stadt/stadt – die Stätte/statt

9 Der ks-Laut wird als x, cks, chs, gs oder ks wiedergegeben. Die Schreibung von cks, gs und ks kannst du durch Ableitungen ermitteln.

der Tag	tagsüber
das Dreieck	das Dreieckstuch
stark	die Stärkste

X schreibst du den ks-Laut vor allem in Fremdwörtern, chs in einigen wenigen Wörtern, die du nicht ableiten kannst.

das Maximum, Mexiko, fixieren, exportieren, existieren, perplex, der Lachs, die Eidechse, der Flachs, drechseln, verwechseln, nächste

Lang und kurz ausgesprochene Vokale

Die Kürze oder Länge eines Vokals ist ganz entscheidend für die Schreibweise eines Wortes. Deshalb musst du sehr genau auf deine Aussprache achten.

die Höhle   die Hölle
der Wal   der Wall
das Koma   das Komma

 Ergänze die Tabelle.

kurz ausgesprochener Vokal	lang ausgesprochener Vokal
still	der Stiel/der Stil
die Masse	
	schief
der Schall	
	fahl
bitten	
	fühlen
die Quallen	
	(er) rief
straffen	
	spuken
das Lamm	
	die Stare

Konsonanten nach kurz ausgesprochenen, betonten Vokalen

Nach einem kurzen, betonten Vokal schreibst du einen doppelten Konsonanten, wenn du nur einen Konsonanten hörst.

schlimm, generell, die Kontrolle, ein bisschen, die Prämisse, statt

Hörst du aber zwei oder mehrere Konsonanten, so verdoppelst du diese nicht.

bald, plantschen, die Welt, der Stift, der Arzt, winzig, denken

In deutschen Wörtern werden das k und das z nicht verdoppelt. Nach einem kurzen, betonten Vokal schreibst du fast immer ck und tz.

der Acker, lackieren, stickig, zuletzt, die Tatze, die Matratze, die Hitze

In vielen Wörtern mit einem k-Laut, die einer fremden Sprache entstammen, findest du nach einem kurzen, betonten Vokal ein einfaches k.

korrekt, perfekt, die Fabrik, der Kautschuk, der Takt, der Sekt, die Struktur

In einigen Fremdwörtern werden das z und das k nach einem kurzen, betonten Vokal verdoppelt.

das Sakko, der Mokka, die Pizza, die Razzia, Nizza

2 Ergänze die fehlenden Buchstaben: tz oder ck?

die Mü___e, die Stü___e, der Bli___, verle___en, schä___en, verne___en, entde___en, die Entwi___lung, die Hi___e, sti___ig, wi___ig, fli___en, die Matra___e, wi___eln

3 Ergänze die fehlenden Buchstaben: z oder tz? k oder ck?

der Spa___, die Gren___e, die Fra___e, die Wan___e, der Scher___, stol___, pe___en, ran___ig, der Schmer___, die Bal___, kran___, sich verren___en, verwel___t, ne___en, dre___ig, der Spe___, blin___en, die Ban___

4 Das Wortgitter enthält senkrecht, waagerecht und diagonal 17 aus anderen Sprachen entlehnte Wörter, die trotz des kurzen, betonten Vokals nur mit einem einfachen k geschrieben werden. Schreibe sie heraus und ergänze bei den Nomen/ Substantiven den Artikel.

S	P	E	K	T	A	K	E	L	K	K	D	S
U	L	S	O	Ü	A	U	B	A	O	O	R	C
S	A	O	P	R	S	R	B	C	N	N	Ä	H
P	F	P	F	E	F	F	E	K	T	F	L	E
E	F	P	E	A	K	T	N	E	A	L	F	L
K	E	Ä	K	R	I	T	I	K	K	I	A	E
T	K	M	O	W	L	E	R	R	T	K	K	K
A	T	I	N	U	P	B	Ö	U	I	T	T	T
D	I	E	F	L	U	R	L	M	M	Ü	E	R
I	N	S	E	K	T	O	O	M	V	Z	N	I
S	N	T	K	R	E	T	K	J	L	Z	O	K
T	A	R	T	I	K	E	L	E	E	E	U	E
Z	G	A	A	R	C	H	I	T	E	K	T	R
A	E	U	Z	Ö	H	E	E	T	R	I	T	T
S	T	R	I	K	T	U	P	A	K	T	E	S

waagerecht: das Spektakel, _____

_____

senkrecht: _____

_____

diagonal: _____

5 Finde die Wörter der Wortblumen und schreibe sie mit dem Artikel auf die Linien.

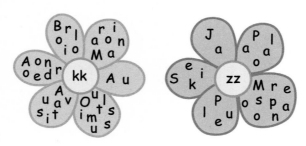

das Akkordeon, _____

_____

_____

_____

6 In diesem Text fehlen die Buchstaben nach den kurz ausgesprochenen Vokalen. Ergänze sie, indem du das Wort richtig auf die Linie schreibst.

Sprache und Gehirn

Wo ist der (Pla?)_____ der Sprache im neuronalen

(Ne?)_____ des Gehirns? Erste (wi?enschaftliche)

_____ (Erke?tni?e) _____ lieferten im

19. Jahrhundert die (Är?te) _____ Broca und Wernicke durch

ihre Arbeit mit (hirnverle?ten) _____ Patienten.

Der französische Neurologe Paul Broca machte sich 1861 die Gehirne ge-

rade verstorbener Patienten, die an einer massiven Störung der

Sprachproduktion (geli?en) _____ (ha?en) _____,

(zunu?e) _____. Broca (entde?te) _____ die

(verle?te) _____ Hirnregion und (ho?te) _____,

die Hirnregion gefunden zu haben, in der Sprache entsteht. Diese Hirnregion

(Broca-Areal) gilt auch heute als wichtiges (Sprachze?trum)

_____, in dem (Gra?ati?) _____ und (Sa?stru?tur)

_____ verarbeitet werden.

Auch der deutsche (Ar?t) _____ Carl Wernicke (stü?te)

_____ seine Forschung auf sprachliche (Ausfa?erscheinungen)

_____. Er sezierte Gehirne von Patienten, die im (Ge-

gensa?) _____ zu den Patienten Brocas Sprache produzieren

(ko?ten) _____, aber (de?och) _____ nicht fähig

waren, gesprochene Wörter zu verstehen. 1874 (de?kt) _____

Wernicke die Hirnregion (entschschlü?elt) _____ zu haben, die

für das Verstehen von Sprache verantwortlich ist (Wernicke-Areal).

(Wi?enschaftler) _____ (schä?en) _____ die frü-

hen Forschungen Brocas und Wernickes. (De?) _____ sie zei-

gen, dass die inhaltliche und (stru?ture?e) _____ Verarbeitung

von   Sprache   in   verschiedenen   Gehirnbereichen   (sta?findet)

_____. Durch (funktione?e) _____ Bildge-

bungsverfahren, die biochemische und physiologische Funktionen des

Gehirns (visue?) _____ (darste?en) _____, (schri?)

_____ die (wi?enschaftliche) _____ (Entwi?lung)

_____ im (Galo?) _____ voran. Heute ist (beka?t)

_____, dass eine (gan?e) _____ Reihe breit verteil-

ter und (verne?ter) _____ Regionen an der Sprachverarbeitung

beteiligt ist. Die heutige Forschung (ni?t) _____ an, dass fol-

gende (Stru?turen) _____ der Großhirnrinde eine wesentliche

(Ro?e) _____ bei der Sprachverarbeitung spielen: der *gyrus*

temporalis superior, der *gyrus*
frontalis inferior und der
gyrus temporalis medius.
Sprache entsteht also
nicht, wie Broca und
Wernicke glaubten, in voneinander (abgren?baren)

_____

Hirnregionen.

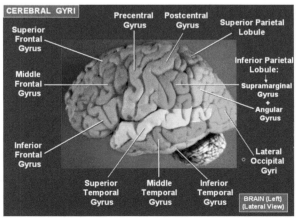

Lang ausgesprochene, betonte Vokale

Die meisten Wörter mit einem lang ausgesprochenen Vokal bzw. Umlaut schreibst du mit einem einfachen a/ä, e, o/ö oder u/ü. Auch die Doppellaute (Diphthonge) au, äu, eu, ei und ai werden immer ohne Dehnungszeichen geschrieben.

raten, sägen, der Regen, die Flöte, rufen, träumen, der Hai

Auch die Wortbausteine ur-/Ur-, -tum, -sam, -bar, -sal werden immer ohne Dehnungszeichen geschrieben.

der Urknall, das Eigentum, gewaltsam, sonderbar, das Schicksal, das Rinnsal

Ein langer, betonter Vokal kann auch mit einem Dehnungs-h gekennzeichnet werden. Dieses nicht hörbare h findest du oft vor den Konsonanten l, m, n und r.

der Fehler, das Fohlen, lahm, der Ruhm, die Lehne, führen, die Gebühren.

Wichtige Ausnahmewörter sind: bevor, nur, nämlich, tun, geboren, holen, der Plan, das Problem, klar, hören, stören, einmal, spüren.

Wörter/Silben, die mit den Buchstaben sch, qu und t beginnen, haben selten ein Dehnungs-h.

die Schule, schwören, quälen, die Qualifikation, der Ton, die Träne

In einigen Wörtern wird der lange, betonte Vokal verdoppelt.

die Haare, der Saal, das Boot, das Moor, das Meer, die Seele

7 In dem Wörterversteck befinden sich waagerecht und senkrecht 19 Wörter mit den Wortbausteinen -tum, -sam, -bar, -sal und ur-/Ur-. Schreibe sie in dein Heft.

S	R	I	N	N	S	A	L	S	E	L	T	S	A	M
C	H	E	I	N	K	L	A	I	R	O	R	O	E	T
H	O	E	S	T	R	A	S	C	H	E	U	N	I	N
I	U	R	O	P	A	S	C	H	E	S	E	D	G	O
C	R	A	R	G	A	T	U	T	R	B	B	E	E	F
K	K	L	U	M	E	R	O	B	R	A	S	R	N	F
S	U	T	R	E	L	E	N	A	W	R	A	B	T	E
A	N	N	E	H	M	B	A	R	A	B	L	A	U	N
L	D	V	I	C	H	S	E	N	C	H	I	R	M	B
M	E	I	L	E	N	A	S	C	H	R	O	F	F	A
M	U	E	H	S	A	M	K	O	S	T	E	N	O	R
P	U	N	T	E	R	H	A	L	T	S	A	M	E	N
M	I	N	K	L	E	I	T	T	U	R	A	L	T	O
U	R	K	O	M	I	S	C	H	M	E	X	T	A	J
U	N	V	O	R	S	T	E	L	L	B	A	R	Z	P

8 Die folgenden Wörter sind wichtige Ausnahmen von der l-, m-, n-, r-Regel. Ergänze die fehlenden Vokale und Umlaute.

bev___r, einm___l, geb___ren, get___n, h___r, h___len, h___ren, j___mand, kl___r, k___misch, n___mlich, n___r, das ___l, die Per___n, der Pl___n, das Probl___m, sp___ren, sp___len, st___ren, w___r, w___ren

9 Löse den Buchstabensalat auf und finde die richtige Schreibweise. Es gibt hier nur Wörter, die ohne Dehnungs-h geschrieben werden, da sie an ihrem Wort- oder Silbenanfang ein sch, qu oder t haben. Ergänze bei den Nomen/Substantiven den bestimmten Artikel.

ebuqem   _____

lantu**Q**uer   _____

tion**Q**uafilika   _____

sum**Q**eurme   _____

älenqu   _____

wörensch   _____

onsch   _____

reschw   _____

lüwsch   _____

wur**S**ch   _____

neräT   _____

schif**T**un   _____

entonbe   _____

la**T**   _____

netön   _____

10 Ergänze die fehlenden Vokale und Umlaute.

Wie lernen Babys sprechen?

Noch bev___r ein Baby geb___ren ist, beschäftigt es sich mit Sprache. Erst einm___l muss es genau zuh___ren . Ungef___r ab der 27. Schwangerschaftswoche nimmt ein Embryo die Stimme seiner Mutter w___r . Da alle hohen Frequ___zen f___len, kann er n___r die Sprachmelodie aufn___men . Diese Melodie bl___bt offenb___r im Gedächtnis. Denn nach der Geb___rt empfindet das Baby diese Stimme als se___r angen___m. Auch m___g das Baby sprachliche L___te lieber als andere Ger___sche.

In Experimenten mit einem Sensorschnuller hat man festgestellt, dass die Saugrate d___tlich ansteigt, wenn

S___glinge ihre Muttersprache h___ren. Sie gefällt ihnen n___mlich sch___n s___r früh besser als andere Sprachen.

S___glinge verf___gen über eine außergew___nliche Fähigkeit. Sie können jeden der über 100 Sprachl___te der Welt erkennen und nach___men, eg___l, ob es sich um einen chinesischen, jap___nischen oder um einen afrik___nischen L___t handelt. Deshalb können Babys bis zum z___nten Monat ___ne Probl___me jede Sprache f___lerfrei erlernen.

Sprache wirkt auf Babys w___rscheinlich wie ein selts___mer Wortbrei, da gerade einm___l n___n Prozent der Wörter kl___r voneinander abgrenzb___r sind. ___ßerungen wie *Kommabitteher* werden n___r in der Schriftsprache durch die L___rzeichen als einzelne Wörter sichtb___r.

Doch wie gelingt es Babys, einzelne Wörter aus dieser Sprachsoße zu filtern? Sprache b___nt sich dadurch ihren W___g, dass Babys die ___reigenen Bet___nungsmuster ihrer Muttersprache erkennen. Da das D___tsche auf der ersten Silbe bet___nt, erkennen Babys, wenn ein neues Wort beginnt.

Zunächst gibt es ein univers___les „Lallen", dessen Silben bei Kindern in vielen Sprachen beliebt und ___nlich sind. Jedes Baby „lallt" aber ab dem sechsten Monat im Rhythmus seiner Muttersprache.

Das lang ausgesprochene i

Das lang ausgesprochene i schreibst du meistens ie.

fliegen, niesen, niemals, viel, hier, die Miete, die Niere, die Biene

Nur in wenigen Wörtern wird das lang ausgesprochene i auch ih oder ieh geschrieben.

ihr, ihre, ihren, ihrem, ihrer, ihm, ihn, ihnen, ziehen, fliehen, wiehern, das Vieh.

Vor allem in Wörtern aus anderen Sprachen wird das lang ausgesprochene i manchmal mit einfachem i geschrieben.

die Krise, die Klinik, das Klima, das Risiko, die Mimik, der Tiger, das Kino (auch: gibt)

Die Endungen -iv/ive, -il und -ieren findest du sehr häufig als Fremdwortendungen (vgl. das Kapitel „Fremdwörter", S. 117–132).

das Motiv, die Initiative, das Ventil, das Hospiz, die Miliz, das Indiz, konkurrieren, applaudieren

11 Vervollständige die Tabelle.

Nomen/Substantive	Verb auf -ieren
die Kommunikation	kommunizieren
die Konstruktion	
die Stabilität	
die Produktion	
die Mobilität	
die Demonstration	
die Objektivität	
die Initiative	
die Qualifikation	
die Sterilität	
der Appell	
die Provokation	

Streiche die falsche Schreibweise durch. Wenn du dir nicht sicher bist, schlage im Wörterbuch nach.

kommunikatil / kommunikativ   objektil / objektiv

konstruktil / konstruktiv   qualitatil / qualitativ

produktil / produktiv

stabil / stabiv   steril / steriv   mobil / mobiv

initiatil / initiativ   appellatil / appellativ

demonstratil / demonstrativ   provokatil / provokativ

wieder oder wider?

Die Wörter wieder / wider klingen genau gleich, haben jedoch eine unterschiedliche Bedeutung. Man bezeichnet sie als Homophone.

wieder bedeutet: erneut, noch einmal, zurück

wiedersehen, wiederfinden, wiederbekommen, die Wiedergeburt, die Wieder-
gutmachung, die Wiederholung

wider hingegen bedeutet: gegen, entgegen

widerspiegeln, widerfahren, widerhallen, der Widerstand, die Widerrede,
widerspenstig, widerrechtlich

13 Finde die Wörter der Wortblumen und schreibe sie auf die Linien.

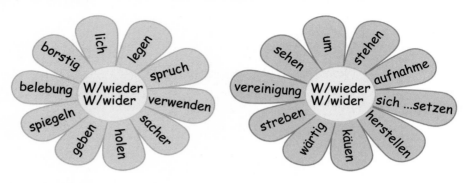

W/wieder-Wörter: wiederverwenden, _____

_____

_____

_____

W/wider-Wörter: widerlegen, _____

_____

_____

_____

14 Schreibe die Wörter richtig auf die Linien.

Die rechte und die linke Gehirnhälfte

(Kl?nische Stud?n) _____ _____, die (ausschl?ßlich)

_____ die linke Gehirnhälfte als verantwortlich für

Sprache (beschr?ben) _____, wurden (v?lfach) _____

(kritis?rt) _____ und sind (w?derlegt) _____.

Um (akt?v) _____ zu (kommuniz?ren) _____,

Sprache zu (rezip?ren) _____ und zu (produz?ren)

_____, sind beide Gehirnhälften (involv?rt) _____,

also einbezogen.

Forschungen (bew?sen) _____, dass es der rechten Gehirnhälfte (obl?gt) _____, die Satzmelodie (sow?) _____ die emotionale Färbung der Stimme festzulegen und zu (kontroll?ren) _____.

Ohne die rechte Gehirnhälfte könnte (n?mand) _____ (Sympath?) _____ oder (Antipath?) _____ durch seine Stimme zeigen. Auch (Formul?rungen) _____ auf einer übertragenen Ebene oder (Iron?) _____ (bl?ben) _____ unverständlich.

15 Diese Übungen erfordern viel Konzentration, da **alle Regeln** – sowohl die Regeln zur **Schreibweise nach kurzen, betonten Vokalen** als auch die Regeln zur **Schreibweise nach langen, betonten Vokalen** zur Anwendung kommen.
Streiche die falsche Schreibweise durch und achte genau darauf, ob der Vokal kurz oder lang ausgesprochen wird. Schreibe dies in die Klammer und verwende dabei folgende Abkürzungen:
kurz ausgesprochene Vokale: V̬
lang ausgesprochene Vokale: V̠
lang ausgesprochenes i: i̠

Die ersten anderthalb Jahre

Ab dem zenten/zehnten ( ) Monat konzentrieren/konzentriren ( ) sich Babys gantz/ganz ( ) auf ihre Mutersprache/Muttersprache ( ). Für deutsche Babys ist es nunmeer/nunmehr ( ) undenkbahr/undenkbar ( ), afrikanische Laute zu erkennen/erkenen ( ) und zu imitieren/imitiren ( ). Japanische und chinesische Babys könen/können ( ) l und r nicht mehr als unterschiedliche/unterschihdliche ( ) Laute warneemen/wahrnehmen ( ) / ( ).
Mit einem Jar/Jahr ( ) komuniziren/kommunizieren ( ) / ( ) Kinder in langen unverständlichen Äußerungen. Mit diesem seltsahmen/seltsamen ( ) Gebrabbel/Gebrabel ( ), das exackt/exakt ( ) die Sazzmelodie/Satzmelodie ( ) ihrer Mutersprache/Muttersprache ( ) nachahmt/nachamt ( ), fülen/fühlen ( ) sie sich in diese Sprachmelodie ein und trainiren/trainieren ( ) ihren speziellen Rhythmus.

Zwischen einem Jar/ Jahr (   ) und acht-zehn/achtzeen (   ) Monaten stürtzen/stürzen (   ) sich Kinder in die Voka-belarbeit und lernen ihre ersten 50 Wör-ter. Ofenbahr/offen-bar (   ) / (   ) giebt/gibt (   ) es sogenannte/sogenante (   ) Merkmahllis-ten/Merkmallisten (   ) in ihren Köpfen, die sie erst einmahl/einmal (   ) ale/alle (   ) Vierbeiner als Wauwaus bezeichnen lassen/lasen (   ).

Wisenschaftler/Wissenschaftler (   ) nennen/nenen (   ) es Vokabelspurt, wen/wenn (   ) Kleinkinder mit siebzeen/siebzehn (   ) Monaten durch-schnittlich/durchschnitlich (   ) sechs Wörter täglich lernen.

 Schreibe den Text in der richtigen Schreibweise in dein Heft.

Vom zweiten bis zum fünften Lebensjahr

Beim Verknüpfen von Wörtern benu?en Kinder zunächst einma?l den Telegra?stil. Es entstehen Sä?e wie *Du pusten. Leonard Arm.*

Ab circa zwei Ja?ren bilden Kinder Drei-Wort-Sä?e wie *Mama Buch holen.* V?le Kinder begi?en aber auch scho?n damit, Verben zu konjug?ren. *Mama holt Buch.* Zu Begi? des dri?en Lebensja?res se?en sie sich mit der Me?rza?l/dem Plural auseinander, der im Deutschen kompliz?t ist. Sonderba?r, dass es *das Kind – die Kinder,* aber *der Hund – die Hunde* oder *der Stuhl – die Stühle* heißt.

V?le Fe?ler entpu?en sich als richtig begri?ene Regeln, die korre?t angewendet, aber in diesem Fa? doch falsch sind. *Mama hat das weggefegt/Ich bin weggegeht.*

Bis zum vierten Lebensja?r haben Kinder die schw?r?ge Aufgabe, Substant?ve/Nomen zu deklin?ren.

Bis zum fünften Lebensja?r waren die kleinen Sprachgenies äußerst kreat?v: Sie haben die Gra?atik im Prinzip einprogramm?rt.

Teste dein Wissen 3

GETESTET

1 Korrigiere die Fehler in den unterstrichenen Wörtern, indem du die Sätze richtig in dein Heft schreibst.

Wie viele Sprachen werden auf der Welt gesprochen?

<u>Wiesenschaftler</u> <u>schäzzen</u>, dass weltweit zwischen 6000 und 7000 Sprachen <u>existiren</u>. Allein in Nigeria findet <u>mann</u> über 400 voneinander <u>abgrentzbare</u> Sprachen.

Es ist <u>schwirieg</u>, ihre <u>Anzall exackt</u> zu bestimmen. Denn <u>Sprachzällung</u> spiegelt auch politische <u>Konflickte wieder</u>. Sprechen Serben und Kroaten Serbokroatisch oder sprechen sie Serbisch <u>bezihungsweise</u> Kroatisch?

<u>Duzzende</u> von Sprachforschern <u>wältzen</u> Grammatiken und Wörterbücher, um die Sprachen ferner <u>Völcker</u> zu <u>analysiren</u> und zu <u>dokumentiren</u>. Ihre Arbeit <u>änelt</u> der der <u>Detektieve</u>. Ein Drittel der <u>existirenden</u> Sprachen ist dennoch nicht entschlüsselt.

<u>Wärend</u> 50 Prozent der Menschen eine der elf großen Sprachen wie Chinesisch oder Englisch sprechen, <u>zällen ungefär</u> 3000 Sprachen weniger als 10.000 Sprecher. Das <u>Riesiko</u> ihres Aussterbens ist <u>relatiev</u> hoch.

Welche Sprache ist am einfachsten zu erlernen?

Die eigene Muttersprache und diejenigen Fremdsprachen, die der Muttersprache <u>strukturell äneln</u>, sind am einfachsten zu erlernen.

Wie viele Wörter gibt es im Deutschen?

Ein Wörterbuch der deutschen Sprache <u>umfast</u> circa 250.000 Wörter.

Der <u>aktieve Wortschazz</u> eines Sprechers ist jedoch wesentlich geringer.

In der Kategorie der Wortbildung ist die deutsche Sprache sowohl <u>producktiv</u> als auch <u>kreatiev</u>. <u>Den</u> durch die <u>widerholte</u> Anwendung von Regeln der <u>Wortzusammensezzung</u> können unendlich viele neue Wörter <u>geschafen</u> werden.

Liest <u>mann</u> die Zeitung, so genügt ein <u>Wortschazz</u> von 3000 Wörtern.

Manche Schüler empfinden es als <u>quählend</u>, die Werke großer Dichter zu <u>interpretiren</u>. <u>Villeicht</u> auch, weil sie in ihren Werken <u>ungefär</u> 20.000 Wörter verwendeten.

2   Lass dir den Text diktieren.

Angeboren oder erlernt?

Ist die Sprache angeboren oder erlernt? Diese Frage wirft immer wieder hitzige Debatten auf. Lange galt die in den fünfziger Jahren entwickelte Theorie des amerikanischen Sprachforschers Noam Chomsky, dass alle Sprachen der Welt auf einer sehr ähnlichen Struktur basierten. Eine sogenannte Universalgrammatik sei genetisch programmiert und dieses Sprachwissen müsse beim Sprachenlernen nur abgespult werden.

Der gegenwärtig renommierteste Sprachforscher der Welt, Professor Dr. Martin Haspelmath, lehnt die Auffassung einer Universalgrammatik ab. Denn obwohl jede Sprache sich aus überall identischen Bausteinen zusammensetze, sei jedes Sprachsystem eigenständig konstruiert und damit einzigartig. Der von Sprache faszinierte Wissenschaftler beherrscht die Grammatik von 30 Sprachen perfekt und besitzt eine Grobkenntnis von 150 Sprachen. Viele Sprachforscher glauben, dass es spezielle Lernstrategien gibt und dass die unbewusste Fähigkeit, alle sprachlichen Informationen in das eigene Sprachwissen zu integrieren, angeboren ist.

Haltestelle

Lang und kurz ausgesprochene Vokale

Da die Kürze oder Länge eines Vokals ganz entscheidend für die Schreibweise eines Wortes ist, musst du auf eine sehr deutliche Aussprache achten.

das Beet das Bett
fühlen füllen

Konsonanten nach kurz ausgesprochenen, betonten Vokalen

1 Hörst du nach einem kurzen, betonten Vokal nur einen Konsonanten, so verdoppelst du diesen Konsonanten.

der Kamm, hoffentlich, können, ein bisschen, die Hornisse, satt

Hörst du aber zwei oder mehrere Konsonanten, so verdoppelst du diese nicht.

schalten, plantschen, die Welt, die Lampe, gespenstisch

2 In deutschen Wörtern werden das k und das z nicht verdoppelt. Nach einem kurzen, betonten Vokal schreibst du fast immer ck und tz.

die Macke, lackieren, zuletzt, trotzig, flitzen, die Schlafmütze

3 In vielen Wörtern mit einem k-Laut, die einer fremden Sprache entstammen, steht nach einem kurzen, betonten Vokal ein einfaches k.

perfekt, der Effekt, der Architekt, die Fabrik, der Kautschuk, der Kontakt

Konsonanten nach lang ausgesprochenen, betonten Vokalen

4 Die meisten Wörter mit einem lang ausgesprochenen Vokal bzw. Umlaut schreibst du mit einem einfachen a/ä, e, o/ö oder u/ü. Auch die Doppellaute (Diphthonge) au, äu, eu, ei und ai werden immer ohne Dehnungszeichen geschrieben.

fragen, leben, träge, rufen, die Lösung, aufräumen, der Mai

5 Auch die Wortbausteine -ur/Ur, -tum, -sam, -bar, -sal werden immer ohne Dehnungszeichen geschrieben.

der Urwald, der Reichtum, einsam, wunderbar, das Schicksal

6 Ein langer, betonter Vokal kann auch mit dem nicht hörbaren Dehnungs-h gekennzeichnet werden. Du findest es oft vor den Konsonanten l, m, n und r.

die Zahl, der Rahmen, nachahmen, der Zahn, belohnen, bohren, die Währung

7 Wörter/Silben, die mit den Buchstaben sch, qu und t beginnen, haben selten ein Dehnungs-h.

die Schule, schön, quälen, die Qualität, tönen, die Töle, die Träne

8 In einigen Wörtern wird der lange, betonte Vokal verdoppelt.

das Paar, ein paar (einige), der Staat, der Zoo, das Moor, der Klee, die Seele

das lang ausgesprochene i

9 Das lang ausgesprochene i schreibst du meistens ie.

riechen, frieren, niemals, ziemlich, hier, das Ziel, die Liebe, der Besenstiel

10 Nur in wenigen Wörtern wird das lang ausgesprochene i ih oder ieh geschrieben.

ihr, ihre, ihren, ihrem, ihrer, ihm, ihn, ihnen (er)ziehen, fliehen, wiehern, das Vieh

11 Vor allem in Wörtern aus anderen Sprachen wird das lang ausgesprochene i häufig mit einfachem i geschrieben.

die Krise, die Klinik, das Klima, das Risiko, die Mimik, der Tiger, das Kino

12 Die Endungen -iv/ive, -il und -ieren findest du sehr häufig als Fremdwortendungen. (Vgl. Fremwortkapitel S. 117–132)

das Teleobjektiv, das Archiv, die Detektive, stabil, programmieren, reparieren

Die s-Laute

Gesummt oder gezischt?

Man unterscheidet den stimmhaften (gesummten) und den stimmlosen (gezischten) s-Laut.
Den stimmhaften s-Laut schreibst du immer mit einem einfachem s.

niesen, reisen, die Rose, die Vase, weise, riesig

Für den stimmlosen s-Laut gibt es drei unterschiedliche Schreibweisen: s, ss und ß

die Maus, der Puls, hastig, meistens, das Kissen, küssen, draußen, groß

1 Überlege, ob die unterstrichenen Wörter einen stimmlosen oder einen stimmhaften s-Laut enthalten. Trage die Wörter anschließend in die Tabelle auf der nächsten Seite ein.

Der Himalaya

Der Himalaya ist das <u>größte</u> Gebirge der Welt und liegt in <u>Mittelasien</u>. Es erstreckt sich von <u>West</u> nach <u>Ost</u> über 2 500 Kilometer und <u>umfasst</u> fünf unterschiedliche Staaten: Indien, <u>Pakistan</u>, Nepal, Bhutan und Tibet (China).
Im Himalaya befinden sich die höchsten Berge der Welt, die <u>Achttausender</u>. Der mit 8848 Metern höchste Berg der Erde, der Mount Everest, liegt hier und alle weiteren dreizehn Achttausender und über 200 Siebentausender <u>sind</u> in dieser <u>riesigen</u> Gebirgskette <u>zu Hause</u>. Wie konnte ein so <u>imposantes</u> und mächtiges Gebirge entstehen?
Vor ca. 65 Millionen Jahren <u>stießen</u> zwei <u>große</u> Landmassen mit einer Geschwindigkeit von 15 cm pro Jahr aufeinander, und zwar die asiatische

„Fischschwanzberg" in Nepal, 6997 Meter hoch

Platte im Norden und die indische Platte im <u>Süden</u>. Im Laufe der Zeit wurde der Druck durch die <u>Kollision</u> der zwei <u>Landmassen</u> so groß, dass sich die Erdplatten übereinander stapeln und ineinander schieben: Die Gesteine werden <u>hochgepresst</u>, ein Faltengebirge entsteht. So ragte das Himalaya-Gebirge innerhalb von Millionen Jahren immer weiter in den Himmel.

Aber das Gebirge wächst nicht nur in den Himmel, <u>sondern</u> auch tief in die Erde hinein. Der Himalaya schwimmt auf einer kontinentalen <u>Kruste</u>, die auf <u>fast</u> siebzig Kilometer unter dem Gebirge angewachsen ist.

<u>Wissenschaftler</u> haben <u>herausgefunden</u>, dass sich die indische Platte auch heute noch ungefähr zwei Zentimeter pro Jahr nordwärts bewegt. Aus <u>diesem</u> Grund hebt sich auch der Himalaya um etwa fünf Millimeter pro Jahr. Auf der anderen Seite wird aber durch den starken <u>Monsunregen</u> immer auch <u>Gesteinsmasse</u> wieder abgetragen.

stimmhafter s-Laut	stimmloser s-Laut		
geschrieben: s	geschrieben: s	geschrieben: ss	geschrieben: ß

2 Suche nun selber fünf Wörter, die einen stimmhaften s-Laut haben und fünf Wörter, die einen stimmlosen s-Laut enthalten, und trage sie in die Tabelle aus Aufgabe 1 ein.

s und ß nach einem lang ausgesprochenen, betonten Vokal

Nach einem lang ausgesprochenen, betonten Vokal oder nach einem Doppellaut (Diphthong) schreibst du den stimmlosen s-Laut häufig mit ß.

die Straße, das Floß, süß, großartig, grüßen, beschließen

Du schreibst ein s, wenn der s-Laut stimmhaft ausgesprochen wird.

lesen, brausen, die Rose, die Pause, riesig, weise

Der stimmhafte s-Laut wird am Ende eines Wortes oder einer Silbe manchmal zu einem stimmlosen s-Laut. Mithilfe der Verlängerungsprobe kannst du herausfinden, ob der s-Laut ursprünglich stimmhaft ist und daher mit einem einfachen s geschrieben wird.

das Glas	die Gläser
er reist	reisen

 3 S oder ß? Trage den richtigen Buchstaben ein. Führe, soweit angegeben, immer auch die Verlängerungsprobe durch. Dann fällt dir die Entscheidung bestimmt ganz leicht.

der Fu____,   die Fü____e

das Lo____,   die Lo____e

drau____en

sie gie____t   gie____en

das Hau____,   die Häu____er

ra____en

die Flu____e

der Prei____,   die Prei____e

er verrei____t   verrei____en

er lie____t   le____en

das Mu____eum

mu____ikalisch

der Flo____,   die Flö____e

die Lau___,   die Läu___e

das Ei___,   ei___ig

die Wie___e

Sü___igkeiten

 Setze die fehlenden Buchstaben ein. Sprich die Wörter ganz deutlich aus und entscheide dann, ob du s oder ß einsetzen musst.

Die Gipfelstürmer, Teil I

Im 18. Jahrhundert waren ein Gro___teil der fremden Länder berei___t, die Kontinente waren entdeckt, nur in den Gebirgen gab es noch wei___e Flecke, die es zu erforschen galt. Ri___ikobereite Menschen, die ihre per___önlichen Grenzen austesten wollten und Abenteurer, die die Herausforderung suchten, begannen die Bergwelt für sich zu erschlie___en. Die massiven Berge in der Mitte Europas, die Alpen, interessierten die Bergsteiger im be___onderen Ma___e.

1786 bezwangen zwei von ihnen den höchsten Berg der Alpen, den Mont Blanc. Im 19. Jahrhundert dann waren fast alle Alpenberge bestiegen und lang___am auch für Touristen zugänglich. Hotels begannen, aus dem Boden zu schie___en und Seilbahnen wurden gebaut. So konnten Rei___elustige das Panorama der Gipfel genie___en, ohne mühevolle und gefährliche Touren auf sich zu nehmen.

Doch die Bergsteiger suchten immer neue Herausforderungen. Nach den Alpen wagten sie zu beschlie___en, die Achttausender des Himalayas zu erklimmen. Die___e galten lange Zeit als unbe___iegbar.

Erst in den 50er-Jahren konnten Bergsteiger diese au___erordentlichen Felsrie___en besteigen und viele lie___en bei diesem Ver___uch ihr Leben. 1950 dann bezwangen Maurice Herzog und Louis Lachenal zum ersten Mal einen Achttau___ender. Sie erklommen den 8078 hohen Gipfel des Annapurna. Besonders Herzog zahlte für diesen Ruhm einen hohen Prei___: Er verlor sämtliche Finger und Zehen, weil sie in der ei___igen Kälte erfroren waren.

ss nach einem kurz ausgesprochenen, betonten Vokal

Mit ss schreibst du den stimmlosen s-Laut, wenn der Vokal kurz gesprochen wird. Oft folgt dem s-Laut ein weiterer Vokal.

der Kuss, der Fluss, essen, vermissen, küssen, wissen

Diese Schreibweise wird in allen Wörtern aus der Wortfamilie beibehalten.

du isst, sie vermisst, er küsst

5 Finde zu allen Wörtern weitere Wörter aus der Wortfamilie, die mit ss geschrieben werden.

es isst, essen, das Festessen, das Esszimmer, der Esstisch, die Essens-
marke

wissen, _____

_____

hassen, _____

_____

Wasser, _____

_____

stressig, _____

_____

die Klasse, _____

_____

der Schlüssel _____

_____

6 Schreibe aus dem Text alle Wörter heraus, die ein ss enthalten.

Die Gipfelstürmer, Teil II

Obwohl alle Expeditionen zum Mount Everest gescheitert waren, lässt sich der Brite Hunt von diesen missglückten Versuchen nicht abschrecken. Im März 1953 setzt er den Entschluss, den er gefasst hat, in die Tat um. Er organisiert eine Expedition zum Weltgipfel, die noch besser vorbereitet ist als alle bisherigen.

Mit 350 Trägern und 13 Tonnen Ausrüstung gehen dreizehn Bergsteiger dem Mount Everest entgegen. Sie errichten insgesamt acht Lager auf dem Weg nach oben, die mit Essensvorräten und Sauerstoffflaschen ausgestattet sind. Das letzte befindet sich auf 7 900 Metern. Den ersten Vorstoß riskieren die Bergsteiger Evans und Bourdillon. Aber die beiden müssen

Edmund Hillary und Tenzing Norgay auf der ersten erfolgreichen Besteigung des Mount Everest 1953

aufgeben, weil ihre Sauerstoffflaschen versagen und so kehren sie gestresst und erschöpft ins Basislager zurück.

Edmund Hillary und Tenzing Norgay wissen, dass das ihre Chance ist. Sie sind die nächsten, die den Aufstieg wagen. Vier Kameraden begleiten sie zunächst auf eine Höhe von 8 500 Metern. Sie schleppen Nahrung, ein Zelt, Sauerstoffflaschen, um die beiden zu entlasten, denn sie müssen mit ihren Kräften haushalten, um die Mission erfolgreich abzuschließen.

Am Morgen des 29. Mai 1953 machen sich Hillary und Tenzing bereit für die letzte und äußerst gefährliche Etappe. Nie war ein Mensch bis dahin in solche Höhen vorgedrungen. Zentimeter für Zentimeter trotzen sie den extremen Witterungsverhältnissen, vergessen ihre Erschöpfung und kämpfen sich unter äußerster Kraftanstrengung durch Schnee, Eis, Gletscherspalten und massige Felswände bis zum Gipfel vor. Das schier Unfassbare gelingt: Um 11.30 Uhr stehen sie als erste Menschen auf dem Mount Everest.

Die Vorsilbe miss-

Die Vorsilbe miss- schreibst du immer mit ss.

das Missverständnis, misslingen, missglücken

7 Bilde mit den folgenden Wörtern jeweils einen Satz.

misstrauen, missbilligen, missfallen, Missverständnis, missglücken, Missverhältnis

8 Welche weiteren Wörter mit der Vorsilbe miss fallen dir ein? Du kannst auch das Wörterbuch zu Hilfe nehmen. Schreibe sie in dein Heft.

Die Buchstabenverbindung st, sp und sk

Wörter mit der Buchstabenverbindung st, sp und sk musst du dir merken:

meistens, fast, erst, die Knospe, knusprig, der Muskel, maskieren

9 Bringe die Buchstaben in die richtige Reihenfolge. Trage die Wörter anschließend in die Tabelle auf der nächsten Seite ein.

osFkell

nFstere

atighs

Wseep

atskMuelker

ipselln

Mskea

gusrüAstun

isteenl

päuserrn   _____

ötrsent   _____

fsta   _____

skulösmu   _____

nkpsuern   _____

iieerrskn   _____

-st	-sp	-sk

10 Fallen dir noch weitere Wörter mit den Buchstabenverbindungen st, sk und sp ein? Dann trage sie ebenfalls in die oben stehende Tabelle aus Aufgabe 9 ein.

11 Bei dieser Übung musst du dich besonders konzentrieren. Du musst dich entscheiden, ob du s, ss oder ß einsetzt.

Schicksalsberg Nanga Parbat

Neben dem Mount Everest sticht be___onders der 8 125 Meter hohe Nanga Parbat (nackter Berg) hervor, weil er eine besonders au___erge-wöhnliche Lage hat. Er ist nicht wie der Mount Everest von weiteren Achttau___endern umgeben, sondern er ist ein Einzelma___iv und ragt hoch aus dem Tal auf, durch das der längste Fluss Indiens flie___t. Im ____üden dieses Berges liegt die grö____te Fels- und Ei____wand der Welt, die

4 500 Meter hohe fa____t senkrecht stehende Rupal-Flanke.

Der Nanga Parbat gilt als besonders schwer zu be____teigen; kein Achttau-

sender hat so vielen Männern das Leben geko____tet, bis er schließlich am

29. Mai 1953 von dem Deutschen Hermann Buhl be____iegt wurde. Alle

vorherigen 31 Ver____uche, diesen Berg zu besteigen, endeten tödlich.

Hermann Buhl erklomm den Gipfel im Alleingang und ohne Sauerstoff-

ma____ke. Er beschreibt seine Ankunft äu____erst un____entimental:

„Jeder Schritt eine Überwindung, die Schistöcke habe ich zurückgela____en, auf

allen vieren krieche ich aufwärts, halte mich auf den höchsten Punkt zu.

Zwei Meter überragt die Schneeauflage den Fel____, ich bin auf dem höchsten

Punkt, auf dem Nanga Parbat, 8 125 Meter. Ich bin mir der Bedeutung des

Augenblicks nicht bewu____t, fühle auch nichts von Siegesfreude, komme mir gar

nicht als Sieger vor; ich bin nur froh, dass ich heroben bin und all diese Strapazen

vorläufig ein Ende haben. Hinunter wird's schon be____er gehen."

„Nanga Parbat" in Indien

Der Abstieg jedoch wird zu einem Kampf um Leben und Tod. Um im Dunkeln nicht abzustürzen, verbringt er die Nacht im Stehen an einer 50 Grad steilen Wand im Schnee, erst bei Tagesanbruch stolpert er dehydriert und halluzinierend ins Tal. Seine Mannschaft erkennt ihn kaum wieder, als er 41 Stunden nach seinem Aufbruch ins Lager zurückkehrt. Von Erfrierungen entstellt und den Strapazen gezeichnet sieht er aus wie ein Grei____.

Immer wieder ko____tet der Nanga Parbat Menschen das Leben. Er____t im Sommer 2008 verunglückte der Südtiroler Alpinist Karl Unterkircher tödlich bei dem Ver____uch, die 3 000 Meter hohe Rakhiot-Wand am Nanga Parbat zu durchsteigen.

Nomen mit der Endung -nis, -is, -as und -us

Nomen/Substantive mit der Endung -nis, -is, -as und -us schreibst du im Singular mit einem einfachen s. Im Plural jedoch wird der s-Laut verdoppelt, wenn er erhalten bleibt.

das Geheimnis	die Geheimnisse
der Kürbis	die Kürbisse
der Atlas	die Atlasse oder Atlanten
der Globus	die Globusse oder Globen
der Organismus	die Organismen

12 Suche alle elf Nomen/Substantive mit der Endung -nis aus dem Buchstaben-
quadrat heraus, schreibe sie sowohl im Singular als auch im Plural auf.

E	S	T	E	R	S	P	A	R	N	I	S	D	K	W	S
U	R	L	I	Q	T	T	F	S	E	C	B	E	A	R.	Z
Y	G	E	G	O	M	X	K	Ü	R	B	I	S	V	W	E
R	U	O	I	Ä	K	R	I	M	N	C	H	J	T	P	R
V	I	F	Q	G	B	E	K	E	N	N	T	N	I	S	G
B	W	I	L	D	N	I	S	K	F	F	O	W	I	V	E
M	N	H	G	E	E	I	O	T	I	U	K	A	D	E	B
O	R	U	B	E	A	T	S	P	R	G	Z	U	X	R	N
E	F	V	E	R	S	T	Ä	N	D	N	I	S	N	H	I
R	I	O	T	A	L	E	B	O	U	R	S	C	I	Ä	S
L	A	B	Z	E	U	G	N	I	S	I	G	O	R	L	L
E	N	E	G	H	A	F	A	B	E	B	L	O	S	T	R
B	H	C	S	U	B	K	A	T	F	D	Ö	B	E	N	U
N	T	R	I	T	E	G	W	E	L	I	G	O	R	I	B
I	Ü	L	T	D	A	K	A	B	O	A	U	B	R	S	Q
S	Z	O	H	I	N	D	E	R	N	I	S	A	L	N	E

waagerecht: _____

_____

_____

senkrecht: _____

_____

_____

diagonal: _____

das und dass unterscheiden

Bei der Schreibweise von das und dass musst du auf die Wortart und die unterschiedlichen grammatischen Aufgaben achten. Denn davon hängt die Schreibweise ab.

Das Wort das kann drei unterschiedliche grammatische Aufgaben übernehmen.

- Es kann ein Artikel sein. Dieser wird mit einfachem s geschrieben.

  Das Bergsteigen ist eine faszinierende Herausforderung.
  (Artikel)

- Es kann auch als Demonstrativpronomen (hinweisendes Fürwort) gebraucht werden. Auch dieses schreibst du mit einfachem s.

  Das bestätigen alle Bergsteiger.
  (Demonstrativpronomen)

- Ebenfalls mit einem einfachen s schreibst du das Relativpronomen das, welches einen Relativsatz einleitet und sich auf ein Substantiv/Nomen im übergeordneten Satz bezieht.

  Das Bergsteigen, das viele Risiken birgt, ist eine anstrengende Sportart.
  (Relativpronomen)

Du kannst den Artikel, das Demonstrativ- und Relativpronomen im Satzzusammenhang durch dieses, welches oder jenes ersetzen (Ersatzprobe).

Die Konjunktion dass oder sodass (so dass) schreibst du immer mit ss. Sie leitet einen Nebensatz/Gliedsatz ein.

Bergsteiger betonen, dass sie die Herausforderung am Berg brauchen.
(Konjunktion)

Dass sie die Herausforderungen brauchen, betonen Bergsteiger.
(Konjunktion)

13 Unterstreiche in dem Text jeweils das Wort das/dass und gib an, ob es sich hier um einen Artikel (A), ein Demonstrativpronomen (D), ein Relativpronomen (R) oder um eine Konjunktion (K) handelt, indem du die Abkürzungen (A, D, R oder K) über das Wort schreibst.

Die Todeszone

Eine gefürchtete Bergsteigerkrankheit ist die Höhenkrankheit. Sie kann bereits ab einer Höhe von 2 500 Metern auftreten. Sie entsteht dadurch, dass der Luftdruck und der Sauerstoffgehalt in der Luft – je höher man aufsteigt – immer niedriger wird.

Eine besonders gefährliche Höhenkrankheit ist das Gehirnödem, das wie folgt entsteht: Aufgrund des niedrigen Luftdrucks sammelt sich Wasser im Kopf an, das auf das Gehirn drückt, und schließlich das Atemzentrum lähmt. Das bedeutet für einen Bergsteiger den sicheren Tod.

Wissenschaftler sprechen davon, dass man sich ab einer Höhe von 7 500 Metern in der Todeszone befindet. Denn in diesen Höhen ist die Luft so dünn, dass sich auch ein Mensch, der optimal trainiert ist, nicht mehr erholen kann, selbst wenn er sich nicht mehr körperlich anstrengt. Ein Aufenthalt in solchen Höhen ist unmöglich, ohne an der Höhenkrankheit zu sterben.

Als Reinhold Messner und Peter Haberle 1978 verkündeten, dass sie den Mount Everest ohne Sauerstoffflaschen besteigen wollten, prophezeiten ihnen viele Ärzte, dass ihr Gehirn dauerhaft geschädigt würde.

Die beiden Extrembergsteiger aber zeigten, dass das Unmögliche doch möglich ist. Denn ihnen gelang es, den Gipfel des höchsten Berges der Welt zu erklimmen, ohne dass sie zusätzlichen Sauerstoff gebrauchten. Dabei war das Atmen auf den letzten Metern zum Gipfel so anstrengend, dass die beiden sich nicht mehr aufrecht halten konnten und auf den Knien kriechen mussten.

„In dieser Höhe ist das Gehirn wie mit Watte gefüllt", sagte Messner. Und Haberle beschrieb seinen Zustand mit den Worten: „Ich trat aus mir heraus und hatte das Gefühl, dass da ein anderer an meiner Stelle ging."

Noch Jahre später betonten die beiden Extrembergsteiger, dass das gemeinsame Wagnis, den Everest ohne zusätzlichen Sauerstoff zu besteigen, extrem gefährlich war.

„Wir wussten ja nicht: Ist das jetzt wirklich so, dass wir mit diesem einen Drittel Sauerstoffdruck unser Auskommen finden, ohne dass wir umkippen, ohne dass wir sterben?" Und Messner erinnerte sich: „Es war schon so, dass wir jede Rastpause uns angeschaut haben, sind wir noch bei Trost, ist es noch verantwortbar oder nicht."

Weil das Risiko, das Messner und Haberle eingegangen waren, vielen Bergsteigern zu hoch ist, gebrauchen fast alle eine Sauerstoffflasche, wenn sie in diese
Höhe aufsteigen.

14 Formuliere jeweils drei Sätze, in denen du das Wort das als Artikel, als
Demonstrativpronomen und als Relativpronomen verwendest. Schreibe
sie in dein Heft.

15 Formuliere nun sechs Sätze, in denen du die Konjunktion dass ge-
brauchst. Schreibe sie in dein Heft.

16 Ergänze die Lücken. Gib jeweils an, in welcher Funktion das Wort das/dass ver-
wendet wird, indem du die grammatische Funktion in die Klammer schreibst. Du
kannst hierbei die Abkürzungen aus Aufgabe 13 verwenden.

Brüderliche Speedkletterer: Die Huberbuben

- Auf der Suche nach dem Außergewöhnlichen haben Extremsportler
  _____ ( ) Speedklettern endeckt.

- Beim Speedklettern geht es darum, _____ ( ) eine Route in möglichst
  kurzer Zeit erklettert wird.

- Die Brüder Alexander und Thomas Huber zählen zu den weltbesten Speedkletterern. Ihre Touren zeigen, _____ ( ) sie wahre Grenzgänger sind.

- Bei ihren Klettergängen begeben sie sich immer in Lebensgefahr: Denn
  wer schnell sein möchte, hat keine Zeit, Sicherungen anzubringen.
  _____ ( ) bedeutet, _____ ( ) die Huberbuben oft mit nur minimaler
  Sicherung klettern.

- So klettert die Angst
  vor dem Tod immer mit.
  Beide versichern aber, _
  _____ ( ) diese Angst
  zugleich ihr bester
  Schutz ist, weil sie ihre
  Konzentration steigert.

- Ganz wichtig ist es auch, _____ ( ) man _____ ( ) eigene Können realistisch einschätzt: Hohes technisches Niveau, extreme Ausdauer, Greif- und Trittpräzision und Schnell- und Maximalkraft sind _____ ( ) Wichtigste in dieser waghalsigen Sportart.

- Ihre Mutter versteht nicht, _____ ( ) sich ihre Jungen ständig in Gefahr begeben.

- Aber auch sie selbst können nicht wirklich erklären, _____ ( ) sie ihr Leben immer wieder freiwillig aufs Spiel setzen.

- Sie erklären ihre Besessenheit wie folgt: „Wenn man _____ ( ) Ziel, _____ ( ) man sich gesteckt hat, erreicht, erlebt man ein Gefühl, _____ ( ) Glück und Freiheit bedeutet. Es ist so überwältigend, _____ ( ) man es immer wieder sucht."

- _____ ( ) geht offenbar am besten, wenn man seine Grenzen immer wieder neu kennenlernt, neu auslotet und verschiebt.

- Im Oktober 2007 stellten sie einen neuen Speedrekord an dem El Capitan im Yosemite-Nationalpark in Kalifornien auf. Seine bis zu 1000 m hohen Felswände sind _____ ( ) Symbol für _____ ( ) Können der Speedkletterer, denn sie klettern diese Wand frei – nur mit ihren Fingerspitzen und Kletterschuhen – hinauf.

- _____ ( ) zu sehen, ist ein einmaliges Schauspiel.

- Normale Seilschaften benötigen drei bis fünf Tage, um den El Capitan zu besteigen: Die Huberbuben schafften _____ ( ) in nur zwei Stunden, 45 Minuten und 45 Sekunden.

- Klassische Bergsteiger kritisieren _____ ( ) Speedklettern oft. Sie bemängeln, _____ ( ) der Berg zu einem Turngerät herabgesetzt wird.

- Immer wieder aber betonen die Huberbuben, _____ ( ) sie der Natur mit Respekt und Ehrfurcht begegnen.

- Für die Huberbuben bedeutet ihr Sport ihr Leben, _____ ( ) ohne _____ ( ) Speedklettern nicht mehr denkbar wäre.

Teste dein Wissen 4

GETESTET

1 Trage die fehlenden Buchstaben ein.

Reinhold Messner, Teil I

Einer der berühmtesten Bergsteiger ist Reinhold Messner, der 1944 in Südtirol zur Welt kam. Bereits als Kind geno____ er es, in den Bergen zu klettern. Er war gerade einmal fünf Jahre alt, als er gemein____am mit seinen Eltern seinen er____ten Dreitau____ender bestieg. Seine frühe Liebe zu den Bergen vertiefte sich während seiner Schulzeit und auch nach dem Abitur immer weiter. Mit Mitte 20 hatte sich Reinhold Messner bereits einen Namen in der Kletterszene gemacht. 1970 gelang ihm ein gro____er Erfolg: Er bezwang den Nanga Parbat über die fa____t senkrechte Rupal-Flanke, die bis dahin als unbezwingbar galt. Diese au____erordentliche Leitung jedoch wurde dadurch überschattet, da____ diese Besteigung seinem jüngeren Bruder das Leben ko____tete. Er wurde durch eine Ei____lawine erfa____t und starb. Diese Tragödie jedoch hielt Messner nicht davon ab, weiter Berge zu besteigen und seine Grenzen auszute____ten. Wie ein Bese____ener stürzte er sich in die Welt der Berge. Er bestieg alle 14 Achttausender-Gipfel, darunter den Mount Everest, den er 1978 mit Peter Haberle ohne Sauerstoffgerät erklomm. Eine Sensation: Ärzte hatten vorausgesagt, da____ sie beide bleibende ge____undheitliche Schäden davontragen würden, denn in einer Höhe von 8000 Meter ist der Sauerstoffgehalt in der Luft so gering, da____ da____ Gehirn auf Dauer geschädigt werden kann. Zählt man alle seine Bergbesteigungen zu____ammen, so kommt man auf 3500, 100 davon hat er als erster Mensch bestiegen.

2 Trage auch hier die fehlenden Buchstaben ein.

Reinhold Messner, Teil II

Die Abenteuerlu____t von Reinhold Messner beschränkt sich jedoch nicht nur auf das Bergsteigen. So durchquert er beispielswei____e 1989/1990 mit Arved Fuchs zu Fu____ die Antarktis: In 92 Tagen kämpfen sie sich bei Temperaturen bis minus 40 Grad durch die wei____e Unendlichkeit von 2 800 Kilometern. Mit 60 Jahren wagt er 2004 erneut ein gro____es Abenteuer, da____ er schon seit Jahren reali____ieren will und durchquert die Wü____te Gobi auf seine ganz besondere Weise. Ohne logistische Unterstützung, ohne Partner und mit minimaler Ausrü____tung macht er sich auf die 2 000 Kilometer lange Rei____e durch die trockenste Wüste der Welt. Sein Gepäck besteht aus einem Ruck____ack mit zehn Kilogramm Gewicht, einem 40 Kilogramm schweren Wa____ercontainer und einer GPS-Uhr. Während dieser Reise ist er also besonders auch angewie____en auf die Unterstützung der Nomaden. Über diese Wüstenbewohner äu____ert sich Messner sehr begei____tert: „Die Menschen sind großherzig und die be____ten Gastgeber, die ich kennengelernt habe. Ich hatte Erfolg, weil die Einheimischen jeden, der rei____t, aufnehmen und versorgen. In diesem Netz der Ga____tfreundschaft bin ich durch die Wüste gegangen."

Die____e ganzen Extremwanderungen gelingen ihm, obwohl ihm nach seiner Nanga-Parbat-Besteigung sechs Zehen amputiert werden mu____ten.

Reinhold Messner ist nicht nur ein Extremsportler, er hat auch zahlreiche Bücher verfa____t, engagiert sich für den Umweltschutz und hat fünf Jahre als Parteiloser für die Grünen im Europaparlament verbracht. Im Anschlu____ daran hat er in seiner Heimat ein großes Mu____eum aufgebaut, da____ aus fünf unterschiedlichen Häusern besteht und 2006 eröffnet wurde. Es befa____t sich im besonderen Ma____e mit dem Verhältni____ zwischen Mensch und Berg.

Haltestelle

Die s-Laute

1 Der s-Laut kann sich unterschiedlich anhören. Er kann stimmhaft oder stimmlos ausgesprochen werden. Du schreibst den stimmhaft ausgesprochenen s-Laut immer mit einem s.

die Reise, die Sensation, lesen

2 Manchmal wird der stimmhafte s-Laut am Silbenende oder vor t zu einem stimmlosen s.
Du kannst mit der Verlängerungsprobe herausfinden, ob der s-Laut ursprünglich stimmhaft ist und somit mit einfachem s geschrieben wird.

das Los – die Lose
er bremst – bremsen

3 Du schreibst den stimmlosen s-Laut s, ss oder ß. Nach einem lang ausgesprochenem Vokal schreibst du ihn mit ß (Ausnahme, siehe 2).

draußen, Die Straße, süß

4 Nach einem kurz ausgesprochenen Vokal schreibst du den stimmlosen s-Laut mit ss. Diese Schreibweise wird in allen Wörtern aus der Wortfamilie beibehalten.

wissen, der Kuss, du küsst

5 Merken musst du dir Wörter mit den Buchstabenverbindungen st, sp und sk.

fast, meistens, die Leistung, die Knospe, die Wespe, muskulös, maskieren

6 Die Vorsilbe miss- schreibst du immer mit ss.

missmutig, das Missverständnis, missbilligen

7 Nomen/Substantive mit der Endung -nis, -is, -as und -us schreibst du im Singular mit einem einfachen s, im Plural jedoch wird der s-Laut verdoppelt, wenn er erhalten bleibt.

das Zeugnis	die Zeugnisse
der Atlas	die Atlasse oder die Atlanten
der Organismus	die Organismen

8 Die Schreibweise des Wortes das/dass richtet sich danach, welche grammatische Funktion das Wort hat.
Den Artikel und das Pronomen das schreibst du immer mit einfachem s.

Das Bergsteigen fasziniert viele Menschen.
(Artikel)

Das Bergsteigen, das eine spannende Sportart ist, reizt viele Menschen.
(Relativpronomen)

Das möchte ich auch einmal ausprobieren.
(Demonstrativpronomen)

9 Die Konjunktion dass schreibst du immer mit ss.

Ich weiß, dass man als Bergsteiger eine gute Kondition haben muss.
(Konjunktion)

Groß- und Kleinschreibung

Verben und Adjektive/Partizipien nominalisieren

Erinnerst du dich? Nomen/Substantive schreibst du immer groß.

die Zeichnung, der Comic, die Stimmung, die Ärztin, der Frust, der Alltag

Verben im Infinitiv, Adjektive und Partizipien können wie Nomen/Substantive gebraucht werden. Du schreibst sie dann groß. Erkennungszeichen für eine Nominalisierung/Substantivierung sind:

der bestimmte (der, die, das) und der unbestimmte (ein, eine, ein) Artikel. Der Artikel kann auch ausgespart sein.

Das Zeichnen seiner grandiosen Comics lässt Donald Delpe seine Krebserkrankung zeitweise vergessen.

Pronomen (mein, dein, sein, unser, ihr, dieses, euer …)
Dieses Zeichnen von Geschichten, die zynisch den Krankenhausalltag darstellen, macht Donald Spaß.

deklinierte Adjektive (Eigenschaftswörter, die auf -e[s] enden)
Tiefgründiges und originelles Schreiben macht den neuseeländischen Autor Anthony McCarten aus.

unbestimmte Mengenangaben/unbestimmte Zahlwörter (etwas, alles, viel, nichts, kein, wenig, allerlei, vielerlei, genug, manches …).
Donalds Comics enthalten viel Sarkastisches und Makabres.

Präpositionen, in denen ein Artikel eingeschlossen ist (am, ans, beim, im, ins, vom, zum, zur)
Der Klinikpsychologe Dr. Adrian trägt wesentlich zum Wahrwerden von Donalds größtem Wunsch bei.

Hier musst du aufpassen:
Nach einer Präposition schreibst du den Superlativ nur groß, wenn die Präposition auflösbar (an + dem, auf + das, zu + dem …) ist.

Es fehlt am (an + dem) Nötigsten. Am besten geht es Donald, wenn er zeichnet.
Peter und Stephanie hielten sich am (an + dem) Stärksten fest.
David zitterte am stärksten.

1 In seinem für den deutschen Jugendliteraturpreis vorgeschlagenen Roman *Super-hero* erzählt Anthony McCarten die Geschichte des krebskranken Donald Delpe, dessen letzter Wunsch die Antwort auf die Frage „Wie geht die Liebe?"ist. Unter-streiche alle Begleiter, die eine Nominalisierung anzeigen, und ergänze die Verben und Adjektive/Partizipien in der richtigen Schreibweise. Denke daran, die Adjek-tive und Partizipien in der richtigen Form einzusetzen.

Superhero Donald Delpe

● Der vierzehnjährige Donald Delpe lebt ein ganz normales Leben, bevor <u>etwas Unfassbares</u> alles verändert: Er erkrankt an Leukämie. Der vierzehnjährige Donald Delpe lebt ein ganz normales Leben, bevor eine _____ (unfassbar) Diagnose sein Leben völlig verändert: Er erkrankt an Leukämie.

● Schon bald nach dem _____ (ausbrechen) der Erkrankung weiß er, dass das _____ (schlimm) eintreten wird: Schon bald, nachdem die Erkrankung ausgebrochen ist, weiß er, dass es sehr _____ (schlimm) um ihn steht. Er wird sterben.

● Donald fehlt die Bereitschaft, mit seiner Familie und seinen beiden bes-ten Freunden über seine Krankheit zu _____ (reden). Zum _____ (reden) über seine Krankheit fehlt Donald die Bereit-schaft.

● Beim _____ (zeichnen) seiner genialen Comics gelingt ihm das _____ (abtauchen) in die Welt seiner Geschichten. Kurzzei-tiges _____ (vergessen) gelingt.

● Donald kann genial _____ (zeichnen) und es gelingt ihm, in die Welt seiner Geschichten _____ (abtauchen). Es gelingt ihm, kurzzeitig zu _____ (vergessen).

● Manches _____ (schockierend) aus dem Krankenhausalltag wird zynisch dargestellt. Der manchmal _____ (schockierend) Krankenhausalltag wird zynisch dargestellt.

● So zeigen seine Comics ständiges _____ (spritzen) von Blut, das _____ (splittern) von Knochen, ekliges (hervorquellen) von Adern und Venen, ohrenbetäubendes _____

(explodieren) von Monitoren und anderen Krankenhausapparaturen.

Auch sieht man Krankenschwestern im Lara-Croft-Outfit beim

_____ (verabreichen) von Chemikalien in todbringenden Dosen.

In seinen Comics sieht man ständig Blut _____ (spritzen),

Knochen _____ (splittern), Adern eklig _____ (her-

vorquellen) und Monitore sowie andere Krankenhausapparaturen ohren-

betäubend _____ (explodieren). Auch sieht man Kranken-

schwestern im Lara-Croft-Outfit Chemikalien in todbringenden Dosen

_____ (verabreichen).

- Sex ist _____ (allgegenwärtig) in seinen Comics. Das

  _____ (allgegenwärtig) des Sex in seinen Comics zeigt, dass

  Donald sich vollständig in der Pubertät befindet.

- Diese Zeichnungen verurteilt seine Mutter aufs _____

  (scharf). Am _____ (scharf) verurteilt seine Mutter die Ge-

  waltdarstellungen.

- Er lässt seinen Comichelden, den _____ (unverwundbar) und

  _____ (unsterblich) Miracleman, gegen den miesen Doktor

  Gummifinger und dessen Assistentin _____ (kämpfen).

  Dieses _____ (kämpfen) seines Helden Miracleman gegen den

  miesen Doktor Gummifinger und dessen Assistentin zeigt den uralten

  Konflikt zwischen Gut und Böse.

Weitere Wortarten nominalisieren

Auch alle anderen Wortarten können durch die entsprechenden Nomensignale zu Nomen/Substantiven werden: Pronomen, Kardinalzahlen/Ordinalzahlen, Adverbien, Präpositionen, Konjunktionen und Interjektionen. Du musst sie dann großschreiben.

Der Klinikpsychologe bietet Donald das Du an. (Pronomen)
Er hat lauter Zweien auf dem Zeugnis. (Kardinalzahl)
Der Dritte ist sein Glückstag; er wird aus der Klinik entlassen. (Ordinalzahl)
In Donalds Zimmer herrscht stets ein großes Durcheinander. (Adverb)
Donalds Erkrankung ist ein ewiges Auf und Ab. (Präposition)
Donald stört das ständige Obwohl des Klinikpsychologen. (Konjunktion)
In den Denk- und Sprechblasen von Donalds Comics gibt es viele Wumms, U-äähs, Ähs, Iiiiiiiiiihs, Autschs und Ohs. (Interjektion)

2 In den folgenden Sätzen tauchen diese Wortarten entweder nominalisiert oder als ursprüngliche Pronomen, Kardinalzahlen, Adverbien oder Konjunktionen auf. Unterstreiche die Signalwörter, die eine Nominalisierung anzeigen und entscheide dich für die richtige Schreibweise.

- Da Donald Delpe schwerkrank ist, zählt für ihn nur das Jetzt.

- Ein _____ (irgendwann) gibt es nicht mehr. Für den schwerkranken Donald Delpe zählt nur noch das, was _____ (jetzt)
passiert; was _____ (irgendwann) sein wird, ist ihm egal.

- Bei der Entscheidung für eine Therapie wägen die Ärzte genau ab, was
_____ (für) und was gegen eine Therapie spricht. Bei der
Entscheidung für eine Therapie wägen die Ärzte das _____
(für) und _____ (wider) genau ab.

- Hätte Donald im _____ (voraus) gewusst, was für ein toller
Typ der Klinikpsychologe Dr. Adrian King ist, hätte es nicht immer dieses
_____ (aber) bei dessen Vorschlägen gegeben. Donald
konnte _____ (aber) nicht _____
(voraussehen), was für ein toller Typ der Klinikpsychologe Dr. Adrian King
ist.

- Michael und Ralf nehmen die _____ (acht), um Donald in der Klinik zu besuchen. Die _____ (drei) sind seit fast _____ (acht) Jahren beste Freunde.

- Die Beziehung zu seinen beiden Freunden ist seit seiner Krankheit ein ständiges _____ (hin) und _____ (her). In Donalds Kopf schießen tausend Gedanken _____ (hin) und _____ (her).

- Eine Zeitlang ist es mit der Freundschaft _____ (aus). Donald hat sich bewusst ins _____ (aus) manövriert und lebt nur noch für seine Comics.

Unbestimmte Zahladjektive/Pronomen nominalisieren

Folgende unbestimmte Zahladjektive/Zahlwörter schreibst du groß, wenn sie nominalisiert werden.

das Ganze/als Ganzes, jeder Einzelne/im Einzelnen, kein Einziger/die Einzigen, alles Mögliche, alles Übrige/alle Übrigen, Unzählige, Zahllose, Verschiedenes

Folgende unbestimmte Zahladjektive/Pronomen schreibst du in der Regel klein, wenn sie nominalisiert werden. Erlaubt ist die Großschreibung bei besonderer Betonung und Wertung.

in vielem, die vielen, vieles, das viele, die wenigen, einige wenige, das wenige, das meiste, die meisten, der, die, das eine, nur einer, der, die, das andere, jeder andere, etwas anderes

Folgende unbestimmte Zahladjektive/Pronomen schreibst du immer klein.

alles, alle, manche, jeder, beide

3 In dem von Meg Rosoff geschriebenen Jugendbuch *Was wäre wenn* geht es um den 15-jährigen David Case, der seinen einjährigen Bruder gerade noch vor dem Sturz aus einem Fenster retten kann. Nach diesem Zwischenfall hat David Angst vor seinem eigenen Schicksal und versucht, ihm zu entkommen. Das Buch ist übrigens mit dem Deutschen Jugendliteraturpreis 2008 ausgezeichnet worden.
Schreibe die Sätze richtig ab.

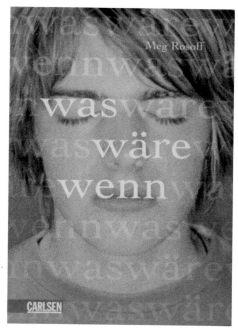

Meg Rosoff, Was wäre wenn © Carlsen Verlag GmbH, Hamburg 2007

- Nach dieser Erfahrung bestimmt die Frage „Was wäre wenn?" ALLES.

- Das EINZIGE, was für David zählt, ist dem eigenen Schicksal zu entkommen.

- Für ihn ist JEDER EINZELNE dem Schicksal ausgeliefert und es gibt nur WENIGE, mit denen es das Schicksal gut meint, die MEISTEN werden auf harte Proben gestellt.

- David beschließt, dem Schicksal zu entfliehen, indem er sich eine neue Identität zulegt. ALLES ANDERE wird nebensächlich.

- Dies sieht im EINZELNEN so aus: David ändert seinen Namen in Justin, legt sich einen sonderbaren Kleidungsstil zu, beginnt mit dem Marathonlauf und erfindet Boy, den Windhund.

- Boy ist der EINE, der seine Gedanken begleitet, die ANDERE ist die vier Jahre ältere Fotografin Agnes, in die er sich verliebt.

- Außer den BEIDEN gibt es keinen mehr in seinem Leben, da er für VIELE zu schräg geworden ist. David wird zum Außenseiter.

- Doch das GANZE scheitert. Obwohl er ALLES MÖGLICHE versucht, dem Schicksal ein Schnippchen zu schlagen, ziehen ihn mehrere Schicksalsschläge in einen gefährlichen Strudel.

- Die Ironie des Schicksals liegt im ÜBRIGEN darin, dass David versucht, vor den Katastrophen wegzurennen und doch immer genau im falschen Moment da ist.

4 Die Tabelle enthält Ausdrücke, die du sowohl klein- als auch großschreiben kannst. Ergänze die Tabelle.

Großschreibung	Kleinschreibung
von Neuem	von neuem
	von weitem
	seit längerem
	bis auf weiteres
	ohne weiteres
	binnen kurzem
Großschreibung + Getrenntschreibung	**Kleinschreibung + Zusammenschreibung**
an Stelle	
auf Grund	
im Stande	
in Frage	
mit Hilfe	
zu Grunde	
zu Gunsten	
von Seiten	
auf Seiten	

5 Unterstreiche die Signalwörter, die eine Nominalisierung anzeigen, und entscheide dich für die richtige Schreibweise. Denk daran, dass die Adjektive/Partizipien in der Grundform aufgeführt sind und verändert werden müssen.

Donald Delpe und die Liebe

Donald Delpe ist ein schräger Vogel, der nur beim _____ (zeichnen) und _____ (skizzieren) etwas von seinem _____ (innere) nach _____ (außen) lässt. Sein _____ (innere) wird schon seit _____ (längerem) von Hormonen durcheinandergewirbelt.

Beim _____ (erfinden) seiner Geschichten fällt Donald alles _____ (möglich) ein, darunter manches _____ (machohaft)

und _____ (obszön). In seiner Fantasie gibt es kaum _____ (jugendfrei). Kämen die Filme in seinem Kopf ins Kino, würden die Zensoren alles in Donalds Augen _____ (interessant) herausschneiden und nichts _____ (übriglassen). Sein Comicheld Miracleman bekommt jede, die ihm gefällt, und dies locker im _____ (vorbeigehen).

Dass das _____ (ganz) mit seinem wirklichen Leben nichts zu tun hat, wird dem Leser sehr schnell klar. Donald hatte noch nie eine Freundin, was im _____ (wesentlich) an seiner Schüchternheit liegt. Er ist verzweifelt über die Ungerechtigkeit, sterben zu müssen und noch nichts erlebt zu haben. Für ihn gibt es nur noch das _____ (hier) und _____ (jetzt) und nichts _____ (wichtiger) als die Antwort auf die Frage „Wie geht die Liebe?". Sein _____ (sterben) kann er akzeptieren, aber er will nicht als männliche Jungfrau _____ (sterben).

Der Psychologe Dr. Adrian King ist der _____ (erste) und _____ (einzig) in der Klinik, dem Donald vertraut. Donalds größten Wunsch zu erfüllen, wird für Dr. King zum absoluten _____ (muss). Nach vielem _____ (hin) und (her) _____ findet er Tanya, eine Prostituierte. Dr. King entführt Donald nachts von der Intensivstation und gibt ihn in ihre Obhut. Nun ereignet sich etwas _____ (überraschend). Donald zückt seinen

Skizzenblock und beginnt zu _____ (zeichnen).

Fotografisch genaues _____ (skizzieren) dieser schönen Frau

verlangt absolut exaktes _____ (führen) des Fineliners und

hochkonzentriertes _____ (arbeiten). Denn Donald will, dass

dieses Bild besser wird als eine Fotografie.

Er möchte sie nur zeichnen, weil er mit so einer tollen Frau nichts

_____ (überstürzen) will. Eine Antwort auf die Frage „Wie ist

das, wenn man Sex hat?" bekommt Donald trotzdem. Tanya gibt ihm eine

interessante Antwort ...

Unser Tipp:
Lies das Buch und du wirst diese und noch viele andere Fragen beantwortet bekommen.

Mehrteilige Eigennamen großschreiben

In mehrteiligen Eigennamen schreibst du das erste Wort und alle weiteren Wörter mit Ausnahme von Artikeln, Präpositionen und Konjunktionen groß. Mehr-
teilige Eigennamen bezeichnen zum Beispiel:

- Personennamen: Katharina die Große, Johann Wolfgang von Goethe, Ludwig
  van Beethoven

- geographische Namen: Vereinigte Staaten von Amerika, Kap der Guten Hoffnung, Atlantischer Ozean, Rotes Meer, Bayerischer Wald

- Namen von Straßen/Plätzen, Bauwerken und Institutionen/Organisationen:
  Unter den Linden, Am Tiefen Graben, Chinesische Mauer, Deutscher Bundestag, Vereinte Nationen, Allgemeiner DeutscherAutomobilclub

- historische Ereignisse: der Zweite Weltkrieg, der Westfälische Frieden

6 Bei diesen Eigennamen ist einiges durcheinandergeraten. Schreibe die richtigen Ausdrücke auf.

der Indische Ozean, der Große Wagen, _____

Herkunfts- und Ortsbezeichnungen: groß- oder kleinschreiben?

Herkunfts- und Ortsbezeichnungen auf -er schreibst du immer groß.

die Bremer Stadtmusikanten, der Kölner Dom, der Berliner Bär, das Münchener Oktoberfest

Herkunfts- und Ortsbezeichnungen auf -isch schreibst du klein, wenn sie nicht fester Bestandteil eines Eigennamens sind.

indische Gewürze, italienische Schuhe, Mecklenburgische Schweiz

Adjektive auf -(i)sch, die von Personennamen abgeleitet werden, schreibst du ebenfalls klein. Möchtest du den Personennamen betonen, so schreibst du groß mit Apostroph.

die darwinsche Evolutionstheorie/die Darwin'sche Evolutionstheorie
die brechtschen Dramen/die Brecht'schen Dramen

 7 Ergänze den Anfangsbuchstaben.

i g M M B L e A o M O s m K I G F f

die ___achener Printen	der ___nglische Tee
die ___ailänder Scala	die ___talienischen Schuhe
der ___ölner Dom	der ___erliner Bär
das ___ondoner Design	die ___ranzösischen Maler
die ___stanbuler Musikszene	der ___rankfurter Römer
die ___rimmschen Märchen	die ___rimm'schen Märchen
der ___ünsteraner Zoo	die ___alomonische Weisheit
die ___ecklenburgische Seenplatte	die ___arokkanischen Basare
das ___hmsche Gesetz	das ___ohm'sche Gesetz

Anredepronomen: groß- oder kleinschreiben?

Das Pronomen für die höfliche Anrede Sie und das entsprechende besitzanzeigende Pronomen Ihr schreibt man in allen grammatischen Fällen groß.

„Gefallen Ihnen die Bücher, die für den Deutschen Jugendliteraturpreis 2008 nominiert wurden? Ihre Meinung interessiert mich!"

Auch die Anredepronomen du und ihr sowie die entsprechenden besitzanzeigenden Pronomen dein und euer kannst du in Briefen, Einladungen und auf Postkarten in allen grammatischen Fällen großschreiben. Ansonsten schreibt man sie klein.

Hi Leonie,
weiß du/Du schon das Neueste? Charlotte ist jetzt doch mit deinem/Deinem Bruder zusammen, obwohl du/Du sie ja noch gewarnt hast … Denn wir glauben ja alle, dass da noch was mit der Französin läuft, die er in den Sommerferien kennengelernt hat …

8 Die Kritikerjury hat dem von Meg Rosoff geschriebenen Jugendbuch *Was wäre wenn* den Deutschen Jugendliteraturpreis 2008 verliehen. Der folgende Brief eines Deutschkurses der Jahrgangsstufe 9 ist an die Kritikerjury adressiert und setzt sich mit dem Jugendroman auseinander. Setze die richtigen Pronomen ein.

Sehr geehrte Mitglieder der Kritikerjury,

○ aufgrund ___Ihrer___ Nominierung des Jugendromans „Was wäre wenn" für den Deutschen Jugendliteraturpreis 2008 haben wir dieses Buch im Deutschunterricht gelesen. Nach einer ausführlichen Besprechung des von _____ als herausragend bewerteten Buches möchten wir ____

○ ____ unsere Meinung darlegen.

Schade, dass wir nicht wissen, nach welchen Kriterien _____ vorgehen, um Bücher für diesen Preis vorzuschlagen. Denn wir können uns _____ Urteil nicht ganz anschließen.

○ Im Gegensatz zu _____ sind wir natürlich keine Profis, wenn es darum geht, Bücher zu beurteilen. Nehmen _____ uns unsere Kritik

○ also bitte nicht übel. Vielleicht liegt es ja auch in _____ Interesse, Schülermeinungen zu hören, die _____ dann in _____ Überlegungen zur Verleihung des Jugendliteraturpreises einbeziehen könnten.

○ Wie _____ sind wir der Meinung, dass die Grundidee des Buches überzeugend ist. Meg Rosoff erzählt die Geschichte des fünfzehnjährigen David Case, der Angst vor der Zukunft hat, sein Schicksal als bedrohlich empfindet und diesem zu entkommen versucht, indem er seine Identität verändert. Es ist _____ gelungen, dieses Spiel mit Identität anschaulich zu machen.

○ Auch die Sprache hat uns gefallen, da _____ einfach und jugendnah ist.

Im Gegensatz zu _____ finden wir aber, dass die Geschichte den Leser nicht wirklich fesselt. Vielleicht liegt es daran, dass _____ manchmal sehr konstruiert ist und ein roter Faden fehlt. Meg Rosoff

○ schreibt _____ Geschichte so, dass man die Veränderung der Hauptpersonen, _____ Gedanken, Gefühle und die Motivation _____ Handelns nicht wirklich nachvollziehen kann.

Erscheint _____ unsere Kritik als völlig unberechtigt? In Erwartung

○ _____ Antwort verbleiben wir mit freundlichen Grüßen.

_____ 9b

P.S.

○ Trotz aller Kritik, die _____ bitte richtig verstehen, hat es uns Spaß gemacht, das Buch zu lesen. Unser unbedingter Lesetipp ist „Simpel", der Roman der französischen Autorin Marie-Aude Murail.

Tageszeiten und Wochentage: groß- oder kleinschreiben?

Tageszeiten und Wochentage werden großgeschrieben, wenn sie als Nomen/Substantive gebraucht werden. Großgeschrieben werden sie auch nach den Zeitangaben (Zeitadverbien) vorgestern, gestern, heute, morgen und übermorgen.

am Donnerstagabend, für Samstagmittag, um Mitternacht, der Morgen, jeden Mittwoch, am späten Vormittag, gestern Nachmittag, heute Morgen, morgen früh/(auch:) morgen Früh

Tageszeiten und Wochentage werde immer dann kleingeschrieben, wenn etwas regelmäßig geschieht. Sie enden dann auf -s.

mittags, abends, morgens, dienstags, samstagabends/samstags abends, sonntagmorgens, vormittags

Steht vor diesen Tageszeiten/Wochentagen jedoch ein Nomensignal, so werden sie großgeschrieben.

eines Morgens, eines Samstagabends, des Morgens, eines Nachts

Zeitadverbien wie (über)morgen, (vor)gestern, heute schreibst du immer klein.

---

9 Groß oder klein? Schreibe die Zeitangaben in der richtigen Schreibweise in die Lücken.

- Eines _____ (?achmittags) rettet der 15-jährige David Case seinen einjährigen Bruder Charlie gerade noch vor dem Sturz aus dem Fenster.

- Seit diesem _____ (?onnerstagnachmittag) sieht er sein eigenes Leben, das ihm ____ (?estern) noch so sicher erschien, vom Schicksal bedroht.

- Von _____ (?rüh) bis _____ (?pät) malt David sich Horrorszenarien aus.

- Er liegt _____ (?achts) wach und entscheidet dann, dass sein eigenes Ich verschwinden muss.

- Ab _____ (?orgen) soll alles anders werden.

- Am _____(?onntagmorgen) ändert
  David seinen Namen in Justin, legt sich einen sonder-
  baren Kleidungsstil zu und beschließt, mit dem
  Marathonlauf zu beginnen.

- Er trainiert _____(?ontags), _____(?ienstags),
  _____(?ittwochs) _____(?onnerstags),
  _____(?reitags) und _____(?amstags).

- Nur _____(?onntags) nicht, da er _____(?onn-
  tagmorgens) gerne lange im Bett liegt und seinen Gedanken nachhängt.

- David hat _____(?estern) _____(?achmittag)
  die Fotografin Agnes kennengelernt und sich in sie verliebt.

Teste dein Wissen 5

GETESTET

1 Kreuze die richtige Schreibweise an. Es können mehrere Schreibweisen richtig sein.

der Deutsche Jugendliteraturpreis 2008 ☐

der deutsche Jugendliteraturpreis 2008 ☐

das Zweite deutsche Fernsehen ☐

das Zweite Deutsche Fernsehen ☐

das zweite deutsche Fernsehen ☐

der hamburger Hafen ☐

der Hamburger Hafen ☐

die einsteinsche Relativitätstheorie ☐

die Einstein'sche Relativitätstheorie ☐

die Einsteinsche Relativitätstherorie ☐

freitagsabends ☐

freitags abends ☐

freitagabends ☐

Freitag abends ☐

eines Freitagabends ☐

gestern Nachmittag ☐

gestern nachmittag ☐

morgen früh ☐

morgen Früh ☐

2 In ihrem 2008 mit dem Preis der Jugendjury ausgezeichneten Roman *Simpel* erzählt Marie-Aude Murail einfühlsam und originell aus dem Leben des siebzehnjährigen Corentin und seines geistig behinderten Bruders Barnabé in einer Pariser Studenten-WG. Schreibe den Text in der richtigen Schreibweise in dein Heft.

SIMPEL, Teil I

DER 22-JÄHRIGE BARNABÉ, GENANNT SIMPEL, LEBT AUFGRUND EINER GEISTIGEN BEHINDERUNG SCHON SEIT LÄNGEREM IM HEIM MALI-CROIX.
SIMPEL IST GEISTIG AUF DEM NIVEAU EINES DREIJÄHRIGEN UND LIEBT SEIN STOFFTIER MONSIEUR HASEHASE OHNE WENN UND ABER. MONSIEUR HASEHASE IST DAS WICHTIGSTE IN SEINEM LEBEN. ER BRAUCHT IHN ZUM REDEN UND BESPRECHEN SEINER PLÄNE. FÜR SEI-

NEN SIEBZEHNJÄHRIGEN BRUDER COLBERT WIRD DIE VORSTELLUNG, DASS MALICROIX FÜR IMMER SIMPELS ZUHAUSE SEIN SOLL, ETWAS GANZ UNERTRÄGLICHES.
NACH LÄNGEREM ÜBERLEGEN UND VIELEM HIN UND HER BESCHLIESST ER, SIMPEL AUS DEM HEIM ZU HOLEN, AUCH WENN ER ANGST HAT, DAS GANZE ZU SCHULTERN. ER IST SICH IM KLAREN DARÜBER, DASS ES AM VERNÜNFTIGSTEN GEWESEN WÄRE, WENN IHR VATER SICH DARUM GEKÜMMERT HÄTTE. DER ABER IST MIT SEINEM EIGENEN LEBEN BESCHÄFTIGT. SO IST COLBERT DER EINZIGE, DER VERANTWORTUNG ÜBERNIMMT.

3 Streiche die falsche Schreibweise durch.

Simpel, Teil II

Die beiden/Beiden ziehen nach Paris und erleben beim Suchen/suchen einer Wohnung viel diskriminierendes/Diskriminierendes. Schließlich werden sie von einer Studenten-WG akzeptiert, in der auch ohne Simpel schon ziemliches Durcheinander/durcheinander herrscht.

In dieser WG, in der jeder einzelne/Einzelne allerlei kompliziertes/Kompliziertes zu bewältigen/Bewältigen hat, leben das Studentenpärchen Aria und Emanuel sowie Enzo und Corentin, Arias Bruder. Das tragische/Tragische aber ist, dass auch Enzo Aria liebt. Er versucht seine unglückliche Liebe beim schreiben/Schreiben eines Romans zu verarbeiten.

Durch das distanzlose/Distanzlose in seiner kindlich-naiven Art, das negieren/Negieren jeglicher Privatsphäre, das fortwährende und ungefragte mitteilen/Mitteilen der eigenen Meinung, aber auch durch die feinen Antennen für die Sorgen und Nöte seiner Mitbewohner, schafft Simpel binnen kurzem/Kurzem Verwirrung bei allen und bringt so ihre Welten ins wanken/Wanken.

Sie merken, dass Simpel etwas besonderes/Besonderes ist und in vielem/Vielem recht hat. So verändern sie alle im Laufe des Romans ihre Blickwinkel und ihr Leben.

Haltestelle

Groß- und Kleinschreibung

1 Nomen/Substantive schreibst du immer groß.

2 Verben im Infinitiv, Adjektive und Partizipien können wie Nomen/Substantive gebraucht werden und werden dann großgeschrieben. Vor ihnen steht oft ein Artikel, ein Pronomen, eine Präposition mit eingeschlossenem Artikel oder ein dekliniertes Adjektiv. Der Nominalisierung/Substantivierung eines Adjektivs geht sehr häufig eine unbestimmte Mengenangabe/ein unbestimmtes Zahlwort voran.

David Case kann das Hinabstürzen seines einjährigen Bruders Charlie aus dem Fenster gerade noch verhindern (bestimmter Artikel).
Beim Nachdenken über diesen Zwischenfall bekommt der 15-jährige David Angst vor dem eigenen Schicksal (Präposition mit eingeschlossenem Artikel).
Ständiges Weglaufen vor dem Schicksal bestimmt nun sein Leben (dekliniertes Adjektiv).
Dieses Weglaufen führt ihn in die Katastrophe (Pronomen).

3 Nach einer Präposition schreibst du den Superlativ nur groß, wenn die Präposition auflösbar (am: an + dem, aufs: auf + das, zum: zu + dem …) ist.

Es fehlt am (an + dem) Nötigsten.
Am besten geht es Donald, wenn er zeichnet.

4 Auch Pronomen, Kardinalzahlen/Ordinalzahlen, Adverbien, Präpositionen, Konjunktionen und Interjektionen können durch die entsprechenden Nomensignale zu Nomen/Substantiven werden. Du musst sie dann großschreiben.

Die Fotografin Agnes hat das gewisse Etwas (Pronomen).
Seit seiner Angst vor dem Schicksal fürchtet sich David vor der Dreizehn (Kardinalzahl).
Aus Angst vor dem Schicksal erledigt er so viel wie möglich im Voraus (Adverb).
David manövriert sich bei seinen Freunden ins Aus (Präposition).
Die Schule schafft David mit Ach und Krach (Interjektion).

5 In mehrteiligen Eigennamen schreibst du das erste Wort und alle weiteren Wörter mit Ausnahme von Artikeln, Präpositionen und Konjunktionen groß.

Johann Wolfgang von Goethe, die Vereinten Nationen, der Zweite Weltkrieg, das Rote Meer.

6 Herkunfts- und Ortsbezeichnung auf -er schreibst du immer groß.

die Bremer Stadtmusikanten, der Hamburger Hafen
Herkunfts- und Ortsbezeichnungen auf -isch schreibst du klein, wenn sie nicht fester Bestandteil eines Eigennamens sind.

sibirische Kälte, italienische Schuhe, britischer Humor

7 Adjektive auf -(i)sch, die von Personennamen abgeleitet werden, schreibst du ebenfalls klein. Möchtest du den Personennamen betonen, so schreibst du groß mit Apostroph.

die grimmschen Märchen   die Grimm'schen Märchen

8 Das Pronomen für die höfliche Anrede Sie und das entsprechende besitzanzeigende Pronomen Ihr schreibst du in allen grammatischen Fällen groß. Auch die persönlichen Anredepronomen du und ihr sowie die entsprechenden besitzanzeigenden Pronomen dein und euer kannst du in Briefen in allen grammatischen Fällen großschreiben.

Sehr geehrte Mitglieder der Kritiker- und Jugendjury,
aufgrund Ihrer Nominierung des Jugendromans „Was wäre wenn" für den Deutschen Jugendliteraturpreis 2008 haben wir dieses Buch gelesen. Wie Sie sind auch wir der Meinung …

Lieber Christoph,
„Was wäre wenn" solltest du/Du unbedingt lesen, da es etwas schräg und genau nach deinem/Deinem Geschmack ist …

9 Werden Zeitangaben als Nomen/Substantive gebraucht, so schreibst du sie immer groß. Achte auf die bekannten Nomensignale.

am Samstagabend, der letzte Dienstag, für Freitagmorgen, eines Morgens, des Morgens, die Nacht, um Mitternacht

10 Werden sie aber als Adverb gebraucht, so schreibst du sie klein.

morgens, sonntags, samstagabends/samstags abends, übermorgen, vormittags, morgen früh/morgen Früh, von früh bis spät, von früh bis abends

11 Nach den Zeitadverbien (vor)gestern, heute, (über)morgen schreibst du die Tageszeiten groß.

heute Abend, morgen Mittag, gestern Morgen, morgen Nachmittag

Zusammenschreiben oder getrennt schreiben?

Verbindungen mit Verben

Verben mit Vorsilben zusammenschreiben

Du schreibst Verben, die mit folgenden Wortbausteinen verbunden werden, zusammen. Insgesamt gibt es ungefähr 90 Präpositionen und Adverbien, die mit Verben eine Zusammensetzung bilden. Die folgende Liste zeigt die Wörter, die besonders häufig für Zusammensetzungen gebraucht werden:

ab-	einher-	herum-	mit-	vorweg-
abhanden-	empor-	herunter-	nach-	weg-
an-	entgegen-	hervor-	nieder-	weiter-
auf-	entlang-	hin-	über-	wider-
aus-	entzwei-	hinaus-	überein-	wieder-
bei-	fort-	hindurch-	um-	zu-
davon-	gegenüber-	hinein-	umher-	zurecht-
dazu-	her-	hintenan-	uner-	zurück-
dazwischen-	herab-	hinterher-	vor-	zusammen-
drauf-	heran-	hinüber-	voran-	zuvor-
drauflos-	herauf-	hinweg-	voraus-	zuwider-
drin-	heraus-	hinzu-	vorbei-	
durch-	herein-	inne-	vorher-	
ein-	herüber-	los-	vorüber-	

Die Betonung bei diesen Zusammensetzungen liegt fast immer auf dem ersten Wortbaustein.

zurückgehen, hingucken, weglaufen, heraufschauen, zuvorkommen

Die Zusammensetzungen bleiben auch erhalten, wenn die Partikel zu hinzutritt.

innezuhalten, herabzusetzen, durchzuhalten, wegzugehen

1 Bilde mithilfe der folgenden Wortbausteine jeweils mindestens acht zusammengesetzte Verben.

auf-

_____

_____

mit-

_____

_____

um-

_____

_____

weg-

_____

_____

2 Wie viele Verben fallen dir in zwei Minuten ein, die mit den Wortbausteinen bei-, unter- und zu- gebildet werden? Schreibe sie in dein Heft. Du kannst auch ein Lexikon zu Hilfe nehmen.

Verben mit Partikeln getrennt schreiben

Die Verbindungen von einem Verb und einem Wortbaustein aus der Liste auf S. 89 werden in einigen Fällen jedoch auch getrennt geschrieben. In diesen Fällen verändert sich die Bedeutung der Formulierung. Auch die Betonung verändert sich. Nicht der Wortbaustein ist betont, sondern das Verb oder Verb und Wortbaustein sind gleich stark betont.

Möchtest du dabeisitzen, wenn ich Vokabeln lerne?

Sie möchte ihn gerne wiedersehen.

Dieses Wort wird zusammengeschrieben.

Möchtest du dabei sitzen oder stehen?

Nach einer gelungenen Augenoperation kann sie wieder sehen.

Sie haben das Buch zusammen geschrieben.

3 Entscheide, wie die großgeschriebenen Verbindungen geschrieben werden. Achte auf die Betonung. Schreibe die Sätze noch einmal richtig in dein Heft.

- Die Klassenarbeit muss leider WIEDERHOLT werden.

- Sie hatten sich so viele Jahre nicht gesehen, dass sie sich fast nicht WIEDER-ERKANNT hätten.

- Er wollte nicht ZURÜCKBLEIBEN, sodass er sein Tempo steigerte.

- Weil sie nach der Party zu müde war, um nach Hause ZUGEHEN, schlief sie bei der Gastgeberin.

- Die Kritik des Ausbildungsleiters hat ihm sehr ZUGESETZT.

- Die beiden sollten aufeinander ZUGEHEN, um den Streit beizulegen.

- Die Klassenarbeit ist gut ausgefallen. Das wird DAHERKOMMEN, dass wir uns konzentriert vorbereitet haben.

- ZURÜCKBLEIBT ein wenig Misstrauen.

- Sie musste WIEDERERKENNEN, dass sie für das Bewerbungsgespräch zu schlecht vorbereitet war.

- Kannst du mir bitte den Federball WIEDERHOLEN, er liegt im Nachbargarten?

- Wir sind leider gar nicht DAZUGEKOMMEN, uns ausgiebig zu unterhalten.

- Wir haben dieses Referat ZUSAMMENVORBEREITET.

Zwei aufeinanderfolgende Verben getrennt schreiben

Du schreibst zwei Verben, die direkt aufeinanderfolgen getrennt. Das gilt auch dann, wenn sich die Verbformen verändern.

Ich werde am Wochenende schwimmen gehen.
Letztes Wochenende bin ich schwimmen gegangen.
Ich freue mich darauf, nächstes Wochenende wieder schwimmen zu gehen.

Werden diese Verben allerdings substantiviert/nominalisiert, schreibst du sie groß und zusammen.

Das Schwimmengehen macht mir sehr viel Spaß.
Regelmäßiges Schwimmengehen verbessert die Kondition.

Verbindungen mit den Verben bleiben und lassen können zusammengeschrieben werden, wenn sich eine neue, übertragene Bedeutung ergibt, die getrennte Schreibweise ist aber auch richtig. Die Verbindung kennen lernen/kennenlernen kannst du ebenfalls zusammen- oder getrennt schreiben.

Renate ist im letzten Schuljahr leider sitzen geblieben.
Renate ist im letzten Schuljahr leider sitzengeblieben.

4 Bilde zwölf passende Wortgruppen, indem du jeweils einen Bestandteil aus jedem Kasten verwendest, und schreibe sie in dein Heft.

> laufen, lesen, getrennt, spazieren, geschenkt, verloren, gestört, gefangen, schätzen, tanzen, warten, bestehen

> lernen, gehen, bleiben, lernen, bekommen, gehen, üben, leben, lassen, werden, gehen, nehmen

5 Wähle nun sechs Wortgruppen aus und bilde jeweils einen Satz, indem du die Wortgruppen nominalisierst. Schreibe die Sätze in dein Heft.

6 Unterstreiche die Verbverbindungen, die auch zusammengeschrieben werden können.

- Leider ist mein neues Auto gleich bei der Probefahrt liegen geblieben.

- An meiner Facharbeit habe ich lange gearbeitet. Das Ergebnis kann sich aber auch sehen lassen.

- Obwohl ich viel Arbeit habe, habe ich heute alles liegen lassen, um ins Freibad zu gehen.
- Mein Patenkind hat meine Lieblingsvase fallen lassen.
- Ich habe meine Präsentation lange vorbereitet, sodass ich kein einziges Mal stecken geblieben bin.
- Wir haben uns so heftig gestritten, dass sie mich einfach stehen lassen hat.
- Ich habe meine schönste Jacke in der Schule hängen lassen.

Verbindungen mit dem Hilfsverb sein getrennt schreiben

Verbindungen mit dem Hilfsverb sein schreibst du immer getrennt.

nett sein, bereit sein, sicher sein, dafür sein, zusammen sein, da sein, zurück sein

7 Suche zwölf weitere Verbindungen mit dem Hilfsverb sein und schreibe sie in dein Heft.

8 Erkläre die Schreibweise der fett gedruckten Wörter, indem du die Tabelle auf S. 94 in dein Heft übernimmst und ausfüllst.

Sinnestäuschungen, Teil I

Die Menschen haben von der Natur ein ausgeklügeltes Sinnessystem **geschenkt bekommen**. Unsere fünf Sinnesorgane, die Augen und die Ohren, die Nase, die Haut und der Mund haben vielfältige Aufgaben zu bewältigen, und zwar Informationen in Form von Reizen **aufzunehmen**, diese in elektrische Impulse **umzuwandeln**, sie an die Nervenfasern **weiterzuleiten**, sodass sie schließlich vom Gehirn in Wahrnehmungen umgewandelt **werden können**. Auf diese Weise erschließen wir uns unsere Welt. Zu **schätzen wissen** viele diese enorme Leistung erst dann, wenn der Verarbeitungsprozess einmal nicht gelungen ist und das Gehirn einen Fehler **gemacht hat**.
Denn unsere fünf Sinne können sich **täuschen lassen**. Diese Täuschungen sind oft darauf **zurückzuführen,** dass das Gehirn **überlastet** ist oder aber Reize nicht richtig **verarbeiten kann. Dazu kommt** aber auch, dass wir Wahrnehmungen aufgrund/auf Grund von Erfahrungen **einordnen**. Jeder Sinneseindruck wird mit bereits bekannten Wahrnehmungen verglichen. Das Gehirn entscheidet sich dann für die Deutung, die es **gelernt hat.**

Lass uns ein Experiment zusammen machen. Schau dir einmal die Felder A und B auf dem Schachfeld an. Du glaubst **sicher zu sein,** dass sie verschiedenfarbig sind? Dann hast du dich von deinem Gehirn in die Irre **führen lassen,** denn Feld A hat dieselbe Farbe wie Feld B, beide Felder haben den gleichen Grauwert. Dein Gehirn hat

die Informationen falsch interpretiert. Es hat gelernt, dass ein Schachbrettmuster immer abwechselnd aus einem schwarzen und einem weißen Feld besteht, außerdem hat es gelernt, dass ein Gegenstand viel dunkler **aussehen muss,** wenn er im Schatten liegt. Entsprechend dieses Wissens muss Feld B in Wirklichkeit **heller sein,** als die Abbildung zeigt.

Verben mit Vorsilben zusammenschreiben	Zwei aufeinander folgende Verben getrennt schreiben	Verbindungen mit dem Hilfsverb sein getrennt schreiben
...		
Verben mit Partikeln getrennt schreiben		

 9 Schreibe den Text noch einmal richtig in dein Heft.

Sinnestäuschungen, Teil II

Eine Weisheit sagt, dass der Mensch nur das glaubt, war er mit eigenen Augen GESEHENHAT. Wie du gerade aber selbst HERAUSGEFUNDEN hast, entspricht das, was wir mit den Sinnesorganen WAHRNEHMENKÖNNEN, nicht immer der Wirklichkeit. Also sollten wir unseren Augen nicht zu viel Vertrauen ENTGEGENBRINGEN. Denn gerade Täuschungen im visuellen Bereich sind sehr häufig. Vielleicht hast du auch die folgende Situation schon KEN-NENGELERNT.

Ein Reisender, der in einem stehenden Zug sitzt, glaubt oft, dass seine Fahrt WEITERGEHT, wenn auf dem Nebengleis ein Zug LOSFÄHRT. Dieses LOS-FAHREN des Nachbarzuges wird vom Gehirn falsch als das LOSFAHREN des eigenen Zuges interpretiert.

Aber wir können uns auch von den anderen Sinnesorganen auf das Glatteis FÜHRENLASSEN. So können wir nicht immer SICHERSEIN, dass das Gehör alle Reize, die EINGEHEN, richtig deutet. Wenn man beispielsweise eine große Muschel an das Ohr hält, glaubt man ein Meeresrauschen zu hören, tatsächlich aber wird nur das Rauschen des eigenen Blutes aus der Muschel ZURÜCKGE-WORFEN.

Hast du Lust, noch bei einem weiteren Experiment DABEIZUSEIN, um zu erfahren, dass auch der Tastsinn getäuscht WERDENKANN? Dann greif einmal mit ÜBERKREUZTEN Fingern an deine Nasenspitze. Wahrscheinlich fühlst du nun zwei Nasen. Denn durch die UNGEWÖHNLICHE Lage der Finger lässt sich das Gehirn irritieren und nimmt zwei unterschiedliche Berührungspunkte wahr.

Verbindungen mit Nomen/Substantiven

Nomen/Substantiv und Verb getrennt schreiben

Verbindungen aus einem Nomen/Substantiv und einem Verb schreibst du in der Regel getrennt.

Furcht einflößen, Aufsehen erregen, Platz sparen, Musik lieben, Funken sprühen

Wird eine solche Verbindung aber wie ein Adjektiv gebraucht, das ein Nomen/Substantiv näher bestimmt, kannst du diese Verbindung sowohl zusammen als auch getrennt schreiben.

Er kann furchteinflößende Grimassen schneiden.

Er kann Furcht einflößende Grimassen schneiden.

Sie hat eine Aufsehen erregende Ausstellung organisiert.

Sie hat eine aufsehenerregende Ausstellung organisiert.

Er hat ein vertrauenerweckendes Auftreten.

Er hat ein Vertrauen erweckendes Auftreten.

10 Verbinde die Nomen/Substantive zu sinnvollen Ausdrücken und schreibe sie in dein Heft.

Nomen/Substantive	Verb
Atem	fassen
Mut	fahren
Anteil	bringen
Hoffnung	schöpfen
Zeitung	auslösen
Feuer	haben
Furcht	lesen
Ski	nehmen
Ausschau	suchen
Rat	abweisen
Angst	leiden
Aufsehen	erregen
Not	speien
Erfahrungen	schädigen
Besorgnis	halten
Abschied	haben
Recht	sammeln
Atem	spitzen
Ohren	rauben
Herz	suchen
Gewinn	erweichen
Ruf	treiben
Verwirrung	nehmen
Sport	stiften
Schmutz	erregen
Blut	stillen
Stress	einflößen
Arbeit	holen

Bilde aus den Relativsätzen/Attributsätzen, die fett gedruckt sind, wie im Beispiel einfache Attribute. Gebrauche beide zulässigen Schreibweisen. Schreibe die Sätze in dein Heft.

Blind für Gesichter

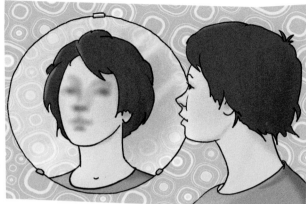

- Eine Störung, **die in Wissenschaftskreisen Aufmerksamkeit erregt,** ist die Gesichtsblindheit (Prosopagnosie). Darunter versteht man, dass Menschen keine Gesichter erkennen und voneinander unterscheiden können.
  Eine in der Wissenschaft Aufmerksamkeit erregende/aufmerksamkeiterregende Störung ist die Gesichtsblindheit.

- Die Krankheit ist noch sehr unbekannt. Viele Betroffene, **die Not leiden** und die merken, dass mit ihnen etwas nicht stimmt, wissen gar nicht, dass sie eine sehr seltene Störung haben.

- Du kannst dir bestimmt vorstellen, dass Betroffene vielen Situationen ausgesetzt sind, **die Stress auslösen.**

- Normalerweise brauchen wir weniger als eine halbe Sekunde, um ein Gesicht wiederzuerkennen. Gesichtsblinde hingegen müssen Strategien entwickeln, **die Zeit rauben,** die aber ganz wichtig für ihr soziales Leben sind.

- Sie können Menschen nur indirekt erkennen, z.B. am Gang oder an der Stimme. Menschen, **die Brillen tragen,** machen es Gesichtsblinden leichter.

- Eine Prosopagnosierin berichtete beispielsweise, dass sie ihren eigenen Vater nicht erkannt hat, als er sie ohne Vorankündigung besuchte. Dieses ist ein Erlebnis, **das ihr bis heute Furcht einflößt.**

- Betroffene, **die Rat bei einem Arzt suchen,** werden enttäuscht.

- Denn eine Therapie, **die Erfolg verspricht,** gibt es nicht.

- Dennoch gelingt es den meisten Gesichtblinden gut, mit ihrem Handicap, **das immer wieder Staunen erregt,** zu leben.

Nominalisierungen/Substantivierungen zusammenschreiben

Wird eine Verbindung aus Nomen/Substantiv und Verb wie ein Nomen/Substantiv gebraucht, schreibst du diese zusammen. Man spricht dann von einer Nominalisierung/Substantivierung.

Das Skilaufen ist eine wunderbare Sportart.
Beim Musikhören kann man gut entspannen.

12 Substantiviere/Nominalisiere die folgenden Verbindungen, wie es im Beispiel vorgegeben ist, und schreibe die Sätze in dein Heft.

Geige spielen, Tango tanzen, Atem holen, Bücher lesen, Rad fahren, Auto fahren, Spaß haben.

Beim Geigespielen muss sie sich sehr konzentrieren.

Verblasste Nomen/Substantive und Verben zusammenschreiben

Verbindungen aus Substantiven/Nomen und Verben, in denen das Substantiv/Nomen seine ursprüngliche Bedeutung verloren hat, schreibt man in der Regel zusammen.

heimreisen, standhalten, bruchrechnen, sonnenbaden, segelfliegen, notlanden, wehklagen, maßregeln, handhaben, eislaufen, kopfstehen, schutzimpfen, wettmachen, schlussfolgern, teilhaben, lobpreisen, gewährleisten, leidtun

13 Bringe die Buchstaben in die richtige Reihenfolge und schreibe die Verben neu auf. So lernst du weitere verblasste Substantive/Nomen kennen.

rreühirenf   _____

tattfindens   _____

itunled   _____

ahushltena   _____

kdsanaeng   _____

tielnmeneh   _____

ehimkmmeon

eiprsgbeen

nofprechnek

eilstnzaen

enwetlauft

aschlfwndelna

rnwtteieef

tttagsbene

14 In dem folgenden Buchstabenviereck findest du sechs Verbindungen, bei denen zwei Schreibweisen zugelassen sind. Du kannst sie einmal zusammen- und kleinschreiben oder aber getrennt mit großgeschriebenem Nomen/Substantiv und kleingeschriebenem Verb. Schreibe die Ausdrücke in beiden Schreibweisen auf der nächsten Seite auf.

W	S	Q	H	A	L	T	M	A	C	H	E	N	G	N
D	T	Z	I	M	H	R	D	E	T	A	R	J	L	E
V	A	J	E	A	W	I	H	A	H	D	H	O	P	M
N	U	P	K	S	S	P	E	C	I	B	K	N	A	C
Z	B	R	U	S	T	S	C	H	W	I	M	M	E	N
U	S	R	L	H	F	X	F	T	Z	R	I	E	T	G
O	A	F	I	A	T	C	S	G	U	M	L	A	L	E
G	U	G	S	L	J	B	S	E	P	G	A	G	S	I
A	G	Y	T	T	W	N	G	B	E	J	D	V	H	W
B	E	E	O	E	D	K	H	E	G	K	K	C	P	U
E	N	N	K	N	M	L	G	N	Y	Q	I	N	O	S
R	A	M	T	V	K	W	M	E	C	D	G	J	L	M
M	A	R	A	T	H	O	N	L	A	U	F	E	N	K
Z	G	H	Q	J	S	T	K	I	U	E	W	K	S	I
R	I	K	X	U	F	D	E	J	A	T	Z	F	E	Q

Verbindungen mit Adjektiven und Partizipien

Verbindungen aus einem Adjektiv und Verb getrennt schreiben

In der Regel werden Verbindungen aus einem Adjektiv und einem Verb getrennt geschrieben.
Wenn man Medizin studiert, muss man sehr konzentriert lernen.
Kritik sollte man ernst nehmen.

Wenn aber eine Verbindung aus Adjektiv und Verb eine übertragene, neue Bedeutung bekommt, schreibst du diese zusammen.

Ich bin mir sicher, dass du die nächste Deutscharbeit gut schreibst.
Meine Oma hat mir zu meinem Geburtstag einen Betrag auf meinem Sparkonto gutgeschrieben.
Unser Schülersprecher kann gut frei sprechen, deshalb hört man ihm gerne zu.
Der Angeklagte wurde freigesprochen.

Einige Verbindungen aus Adjektiv und Verb gibt es nur in einer übertragenen Bedeutung. Am besten lernst du diese auswendig.

schwarzfahren, bloßstellen, hellsehen, fernsehen, klarstellen, klarkommen, wahrsagen, hochrechnen.

15 Unterstreiche zunächst die Verbindungen aus Adjektiv und Verb, in denen eine neue, übertragene Bedeutung entstanden ist.
Setze die Wortverbindung aus Adjektiv und Verb in der richtigen Schreibweise ein, indem du die Sätze noch einmal abschreibst. Denke daran, dass du diese Verbindung in der Regel getrennt schreibst. Du schreibst sie nur dann zusammen, wenn eine übertragene, neue Bedeutung entsteht.

● **Mein Patenkind Julian kann keine Minute STILLSITZEN.**

● **Du solltest beruflich ein wenig KÜRZERTRETEN, sonst wirst du noch krank.**

- Der Angeklagte wurde FREIGESPROCHEN.
- Die Nachricht hat sie GLÜCKLICHGEMACHT.
- Weil Anke den Geburtstag ihrer besten Freundin vergessen hat, hat sie das Gefühl etwas GUTMACHEN zu müssen.
- Obwohl Elisabeth zunächst eifersüchtig war, hat sie ihr Brüderchen LIEBGE-WONNEN.
- Unser Philosophielehrer legt Wert darauf, dass wir LOGISCHDENKEN.
- Leider ist mein Plan SCHIEFGEGANGEN.
- Sie hat so HELLGELACHT, dass alle gute Laune bekamen.
- Wenn man beim Joggen zu SCHNELLLÄUFT, ist man rasch aus der Puste.
- Sie ist in der Reitstunde SCHWERGESTÜRZT.
- Wenn du so LIEBGUCKST, kann ich dir keinen Wunsch abschlagen.
- Die praktische Führerscheinprüfung ist ihr SCHWERGEFALLEN.
- Ich habe sehr viele Bewerbungen geschrieben, weil ich SICHERGEHEN wollte, dass ich einen Ausbildungsplatz bekomme.
- Deine Vermutung ist NAHELIEGEND.
- Du solltest meine Bedenken ERNSTNEHMEN.
- Ich brauche morgens sehr lange, um WACHZUWERDEN.
- In den Sommerferien habe ich mich HERRLICHERHOLT.
- Sie hatten HOCHFLIEGENDE Pläne.
- In diesen Schuhen kannst du auf der Wanderung nicht SICHERGEHEN.
- Bei einem Referat sollte man DEUTLICHSPRECHEN, damit alle GUTZU-HÖREN können.
- Sie haben ihre Abmachung schriftlich FESTGEHALTEN.
- Bei der Diskussion haben sich die Schülervertreter die Köpfe HEISSGERE-DET.
- Dein Abendessen hat FANTASTISCHGESCHMECKT.

Verbindungen aus gleichrangigen Adjektiven zusammenschreiben

Verbindungen aus zwei gleichrangigen Adjektiven werden zusammengeschrieben.

altmodisch, kleinlaut, schwarzweiß, hellwach, großzügig, vieldeutig

16 Schreibe die Wörter aus der Wörterschlange in der richtigen Schreibweise neu auf.

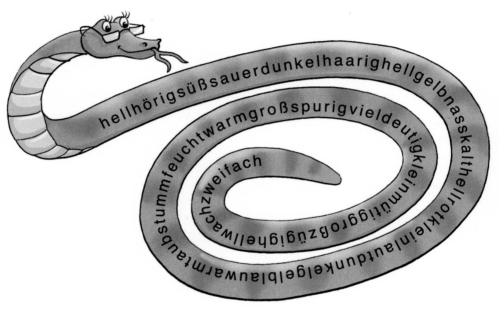

Verbindungen aus Adjektiven mit bedeutungsverstärkenden/-abschwächenden Bestandteilen zusammenschreiben

Du schreibst Verbindungen aus Adjektiven und einem vorangestellten bedeutungsverstärkenden oder -abschwächenden Bestandteil zusammen. Oft gebrauchte bedeutungsverstärkende bzw. abschwächende Bestandteile sind:
bitter-, brand-, erz-, grund-, hyper-, tod-, über-, ur-, super-

bitterböse, brandaktuell, blutjung, erzkonservativ, grundverschieden, hypermodern, todtraurig, überglücklich, uralt, supergut

17 Schreibe die folgenden Adjektive mit einem passenden bedeutungsverstärkenden oder bedeutungsabschwächenden Bestandteil aus dem Merkkasten auf S. 102 auf.

kalt: _____

neu: _____

vorsichtig: _____

mutig: _____

ehrlich: _____

jung: _____

empfindlich: _____

plötzlich: _____

faul: _____

schnell: _____

aktiv: _____

Verbindungen aus Adjektiven mit bedeutungs-verstärkenden/-abschwächenden Adjektiven getrennt oder zusammenschreiben

Manchmal bildet ein Adjektiv oder Partizip eine Verbindung mit einem einfachen Adjektiv, das vorangestellt ist und die Bedeutung verstärkt oder abschwächt. Diese Verbindungen kannst du getrennt oder zusammenschreiben.

Sie war schwerbeleidigt	Sie war schwer beleidigt.
Petra hat einen gutbezahlten Ferienjob angenommen.	Petra hat einen gut bezahlten Ferienjob angenommen.
Rainer ist in seinem Leben schon weitgereist.	Rainer ist in ihrem Leben schon weit gereist.

Wird der erste Bestandteil aber erweitert oder gesteigert, schreibst du den Ausdruck getrennt.

Petra hat einen <u>äußerst</u> gut bezahlten Ferienjob angenommen.
Rainer ist in seinem Leben schon <u>sehr</u> weit gereist.

18 Vervollständige die folgende Tabelle.

heiß	heiß	hell	hell
heißersehnt		hellleuchtend	
	heiß umstritten	helllodernd	
heißumkämpft			hell strahlend
	heiß begehrt		hell scheinend
gut	**gut**	**viel**	**viel**
gutbezahlt		vielbefahren	
gutgemeint		vielverspre-chend	
	gut gelaunt		viel beschäftigt
	gut aussehend	vielgefragt	
gutgekleidet		vielbesprochen	
	gut verdienend		viel gepriesen
hoch	**hoch**	**schwer**	**schwer**
hochkonzen-triert		schwerverletzt	
	hoch gespannt		schwerwiegend
hochgelobt		schwerbeleidigt	
	hoch motiviert		schwer beschädigt
hochqualifiziert			schwer beladen

Verkürzte Wortgruppen aus Nomen/Substantiv und Adjektiven zusammenschreiben

Wenn du dich entscheiden musst, ob eine Verbindung aus Nomen/Substantiv und Adjektiv getrennt oder zusammengeschrieben wird, musst du darauf achten, ob es sich um eine Wortgruppe oder um eine Zusammensetzung handelt. Wortgruppen bestehen aus einer Gruppe eigenständiger Wörter und werden entsprechend getrennt geschrieben. Zusammensetzungen schreibt man, so wie der Name es sagt, zusammen.

Verbindungen aus Nomen/Substantiv und Partizip oder Adjektiv sind häufig verkürzte Wortgruppen, bei denen etwa ein Artikel oder eine Präposition eingespart wurde. Diese verkürzten Wortgruppen, auch Zusammensetzungen genannt, schreibt man zusammen.

Wortgruppe (mehrere eigenständige Wörter)	Zusammensetzung
vom Sport begeistert	sportbegeistert (Du sparst die Präposition vom.)
weich wie Butter	butterweich (Du sparst die Konjunktion wie.)
viele Monate lang	monatelang (Du sparst das unbestimmte Zahlwort viele.)

19 Bilde aus den Wortgruppen Zusammensetzungen.

Wortgruppe	Zusammensetzung
viele Jahre lang	
vom Wind geschützt	
von Blut überströmt	
scharf wie ein Messer	
den Abend füllend	
vom Computer gestützt	
mit Pelz gefüttert	

Wortgruppe	Zusammensetzung
dicht von Wasser	
arm an Sauerstoff	
lang bis zum Knie	
vor Freude strahlend	
von Angst erfüllt	
schnell wie ein Blitz	
beständig gegen Hitze	
tief bis zum Knöchel	

Verbindungen von Adjektiven mit der Partikel *nicht* getrennt oder zusammenschreiben

Wird ein Adjektiv mit dem Wort nicht verbunden, kannst du sowohl zusammen als auch getrennt schreiben.

Die Sitzung war nicht öffentlich.   Die Sitzung war nichtöffentlich.

Sie ist nicht selbständig.   Sie ist nichtselbständig.

Er ist nicht organisiert.   Er ist nichtorganisiert.

Bezieht sich die Partikel nicht aber auf den gesamten Satz, schreibst du getrennt.

Die Sitzung kann nicht öffentlich stattfinden.
Der Ausflug war leider nicht schön, weil es den ganzen Tag geregnet hat.

20 Bei dieser Übung musst du dich gut konzentrieren. Sie ist wirklich schwierig, weil du alle Regeln, die du bis jetzt kennengelernt hast, anwenden musst. Deshalb nimm ruhig ein Lexikon zu Hilfe, wenn du dir unsicher bist. Schreibe die fett gedruckten Wörter in der richtigen Schreibweise auf, indem du den Text noch einmal abschreibst. Manchmal sind auch zwei Schreibweisen möglich, dann entscheide dich für eine.

Michael May: Ein Blinder lernt sehen

45 JAHRELANG war Michael May blind. Als Dreijähriger erblindete er bei einem Unfall, den er sehr **SCHWERVERLETZT** überlebte. Im Frühjahr 2000

unterzog er sich einer NEU-
ARTIGEN Operation, einer
Hornhauttransplantation. Diese
Operation war nicht LANGER-
SEHNT, denn Michael May hat
als blinder Mensch GLÜCK-
LICHGELEBT.

Das WEITVERBREITETE Vorurteil, dass man nur als NICHTBE-
HINDERTER Mensch ERFÜLLT-
LEBEN kann, hat er nie
verstanden. Auch waren ihm
die Risiken dieses Eingriffs

KLARBEWUSST und seine Erwartungen waren entsprechend NICHTGROSS.
Obwohl die Operation ERFOLGREICHVERLIEF und sein rechtes Auge ganz
gesund ist, muss Michael May das Sehen LANGSAMERLERNEN. Wie ein
NEUGEBORENES Kind sieht er die Welt.

Da er bereits so FRÜHERBLINDETE, kann er sich an nichts erinnern. Formen,
Farben oder Gesichter erkennt er nicht; er sieht alles das erste Mal. So wie
andere Vokabeln lernen, muss er Bilder AUSWENDIGLERNEN. HOCHKON-
ZENTRIERT lernt er Coladosen von Tomaten zu unterscheiden, da sie für ihn
auf den ersten Blick GLEICHAUSSEHEN.

Gesichter wird Michael May nie erkennen können. Obwohl die Gesichter seiner Frau und seiner beiden Söhne natürlich GRUNDVERSCHIEDEN sind, kann
er sie nicht auseinander halten. Besonders SCHWERFÄLLT es ihm, seine Gesprächspartner während einer Unterhaltung anzuschauen. Hierbei strömen so
SUPERVIELE Eindrücke auf ihn ein, dass sein Gehirn diese nicht ANGEMESSEN-
VERARBEITEN kann.

Erstaunlicherweise aber kann er auf Bewegungen SCHNELLREAGIEREN. Bälle
fängt er BLITZSCHNELL und auf dem Fußballplatz ist er ein ERNSTZUNEH-
MENDER Gegner für seine beiden Söhne. Entweder sind Bewegungsmuster so
TIEFVERANKERT, dass sie auch nach Jahrzehnten abrufbar sind oder aber sie
werden vom Gehirn anders verarbeitet als das Erkennen von Gesichtern und
Formen.

Forscher gehen davon aus, dass das Sehvermögen von Michael May immer
GANZBEGRENZT bleiben wird.

Er ist darüber aber NICHTUNGLÜCKLICH. Für ihn ist das Sehen HYPERAN-
STRENGEND und er entflieht der bunten Bilderwelt gerne und GUTGE-
LAUNT. Beim Skifahren schließt der vom SPORTBEGEISTERTE Hardware-Entwickler immer noch gerne die Augen und genießt vor FREUDESTRAHLEND
die weiße Landschaft und die Dunkelheit.

Zusammen oder getrennt? Weitere Wortarten

Verbindungen mit dem Bestandteil irgend- zusammenschreiben

Verbindungen mit dem Bestandteil irgend- werden zusammengeschrieben.

irgendwer, irgendwie, irgendwo, irgendwann, irgendjemand, irgendetwas, irgendwelche

Verbindungen von Nomen/Substantiven mit einer Präposition getrennt oder zusammenschreiben

Zahlreiche Ausdrücke, in denen ein Nomen/Substantiv mit einer Präposition verbunden ist, können sowohl zusammen- als auch getrennt geschrieben werden. Die folgende Liste zeigt die Fügungen, die besonders häufig vorkommen.

außerstande setzen	außer Stande setzen
außerstande sein	außer Stande sein
imstande sein	im Stande sein
infrage stellen	in Frage stellen
zugrunde gehen	zu Grunde gehen
zuleide tun	zu Leide tun
zumute sein	zu Mute sein
zurande kommen	zu Rande kommen
zuschulden kommen lassen	zu Schulden kommen lassen
zustande bringen	zu Stande bringen
zutage treten	zu Tage treten
zuwege bringen	zu Wege bringen
anstelle von	an Stelle von
aufseiten	auf Seiten
vonseiten	von Seiten
zugunsten	zu Gunsten
zulasten	zu Lasten
zurate ziehen	zu Rate ziehen
zuungunsten	zu Ungunsten
aufgrund	auf Grund
mithilfe	mit Hilfe

Verbindungen mit den Partikeln *so, zu, wie* getrennt schreiben

Verbindungen der Partikeln so, wie, zu mit einem Adjektiv werden in der Regel getrennt geschrieben.

so gut, so viel, so wenig, wie oft, wie viel, zu viel, zu gut

Die Verbindung so genannt/sogenannt kannst du getrennt oder zusammenschreiben.

Konjunktionen mit der Partikel so, die einen Gliedsatz einleiten, werden allerdings zusammengeschrieben.

Sobald ich die Schule beendet habe, werde ich eine Ausbildung beginnen. Soweit ich informiert bin, gibt es seit einigen Jahren nach der Klasse 10 zentrale Abschlussprüfungen.

Nur die Konjunktion so dass/sodass darfst du sowohl getrennt als auch zusammenschreiben.

Verbindungen mit den Bestandteilen *gar, überhaupt* getrennt schreiben

Verbindungen mit den Bestandteilen gar und überhaupt schreibst du getrennt.

gar nicht, gar kein, überhaupt nicht

21 Schau dir die letzten drei Regelkästen noch einmal gut an. Schreibe die Sätze dann in der richtigen Form in dein Heft. Manchmal sind zwei Schreibweisen zugelassen. Schreibe in diesem Fall beide Schreibweisen auf.

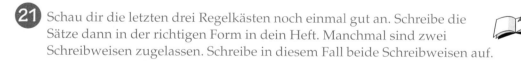

Das Gehirn

- SOWEIT man in die Menschheitsgeschichte zurückblicken kann, hat es den Menschen IRGENDWIE fasziniert herauszufinden, wo das Fühlen und das Denken seinen Platz im Körper hat.

- SOVIEL die Ägypter auch wussten, ihre Annahme, dass das Herz das Organ des Lebens, Fühlens und Denkens sei, sollte sich als falsch erweisen.

- Diese Auffassung wurde erstmals im 6. Jahrhundert v. Chr. von dem Phyrthagoräer Alkmaion von Kroton INFRAGE gestellt. Er hob die zentrale Rolle des Gehirns für die menschliche Wahrnehmung hervor und gilt AUFGRUND dieser Annahme als Begründer der erkenntnistheoretischen Hirnforschung.

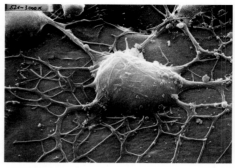

Nervenzelle

- Aristoteles war mit diesen Forschungsergebnissen ÜBERHAUPTNICHT einverstanden.

- SOLANGE er lebte, beharrte er darauf, dass das Herz die wichtigen Funktionen des Menschen steuert.

- 200 Jahre nach Alkmaion von Kroton machte die Wissenschaft also zunächst einen Rückschritt. ZUMERKWÜRDIG erschien es den Menschen, dass wirklich das Gehirn alle menschlichen Prozesse steuert.

- Heute wissen wir, dass das Gehirn das komplexeste Organ des Menschen ist. Es besteht aus SOVIELEN Nervenzellen, dass man sich ihre Anzahl GARNICHT richtig vorstellen kann.

- MITHILFE von 100 Milliarden Nervenzellen, die wieder über Billionen von Synapsen miteinander verbunden sind, steuert es all unsere Funktionen.

- Alles, was wir wahrnehmen, denken und fühlen, ist ein Ergebnis dieser SOGENANNTEN Neuronen.

- Es gibt GARKEINEN Bereich, auf den sie keinen Einfluss nehmen.

- Die Wissenschaft ist heute durch bildgebende Verfahren IMSTANDE herauszufinden, WIEVIELE und welche Gehirnregionen bei unterschiedlichen Aktivitäten beteiligt sind.

- Man weiß beispielsweise, dass das Sprachwissen in SEHRVIELEN unterschiedlichen Hirnregionen vorliegt, besonders wichtig sind aber das SOGENANNTE Broca- und Wernicke-Areal.

- SOVIEL die moderne Hirnforschung auch über die Funktionsweise des Gehirns herausgefunden hat, wissen die Forscher dennoch, dass in unserem Kopf noch viele Geheimnisse schlummern.

- Ob diese IRGENDWANN einmal entschlüsselt werden können, ist fraglich.

- SOWEIT sind wir übrigens trotz unseres Wissens von Aristoteles GARNICHT entfernt. Auch heute noch nehmen wir uns Ereignisse, die uns berühren, zu Herzen und nicht zu Gehirn.

- WIEVIELE Redewendungen fallen dir noch ein, die das Herz und nicht das Gehirn als Zentrum unserer Gefühle ausweisen?

Teste dein Wissen 6

GETESTET

 Schreibe den Text in der richtigen Schreibweise auf.

Der Fledermausmann Dan Kish

RADFAHREN in Los Angeles ist wahrscheinlich schon für Menschen mit guten Augen ein nicht ungefährliches Unterfangen. Aufgrund des hohen Verkehrs muss man sehr VORSICHTIGSEIN. Dan Kish jedoch gelingt es, sich in dem Stadtverkehr sicher FORTZUBEWEGEN, obwohl er absolut BLINDIST. Er GEHTWANDERN, wenn das Wetter GUTIST und er verreist SOVIEL wie möglich. Weil er sich als kleiner Junge besonders auf Bäumen WOHLFÜHLTE, macht er nun seinen blinden Schülern Mut, sich in die Welt zu trauen, UNAB-HÄNGIG zu sein. Er motiviert sie zum FUSSBALLSPIELEN, zum BASKETBALL-SPIELEN und natürlich auch zum BAUMKLETTERN.

Doch wie ist das möglich? Wie kann man als blinder Mensch alle Hindernisse, die sich einem in den Weg stellen, UMGEHEN und ERKENNEN?

Dan Kish hat sich bereits als Kind eine Technik ANGEEIGNET, die der Echoor-tung, wie sie Fledermäuse ANWENDEN, ähnelt. Diese bewegen sich sicher durch die Nacht, indem sie hohe Schreie – Ultraschallsignale – AUSSTOSSEN, die dann von den Hindernissen als Echo ZURÜCKPRALLEN und von den Ohr-muscheln der Fledermäuse AUFGEFANGEN werden. Je nachdem wie dieses Echo klingt, weiß die Feldermaus, ob es sich bei dem Hindernis um eine Wand, einen Ast oder vielleicht um ein Fluginsekt handelt.

Die Vorstellung, dass das Gehör der Menschen auch Auskunft darüber GEBEN-KANN, wie die Welt AUSSCHAUT, erscheint IRGENDWIE merkwürdig. Viele Menschen können es sich überhaupt nicht VORSTELLEN, dass man auch mit den Ohren SEHENKANN.

 Zusammen oder getrennt? Schreibe die Ausdrücke, die in den Klammern stehen, richtig auf. Manchmal sind zwei Schreibweisen zulässig. Hier kannst du dich für eine entscheiden.

Von Echoortung und Klicklauten

Aber genauso erobert sich Dan Kish trotz Blindheit sein Leben wieder zu-rück und _____ (DAHERKOMMT) auch sein Spitzname Fle-dermausmann. Er stößt zwar keine Ultraschallsignale aus, aber er schnalzt mit der Zunge und orientiert sich an den feinen Echos, die jeder Gegenstand

_____ (ZURÜCKWIRFT). Es ist so, dass kleine Objekte beispielsweise _____ (HELLERKLINGEN) als das Ausgangsschnalzen. Die Distanz wiederum lässt sich daran messen, wie lange das Echo braucht, um _____ (ZURÜCKZUKOMMEN). (MITHILFE) _____ dieser Technik erkennt er ein Auto auf fünf Metern Entfernung oder ein großes Gebäude auf mehrere hundert Meter.

Wenn Dan Kish unbekannte Plätze _____ (AUFSUCHT), muss er zweimal pro Sekunde schnalzen, um sich zu orientieren. Oft spürt Dan Kish, dass seine Mitmenschen über sein Auftreten verwundert sind. Ein mit der Zunge schnalzender Mann wirkt nicht gerade _____ (VERTRAUENSERWECKEND).

_____ (SOWEIT) es möglich ist, erklärt er ihnen sein Verhalten. _____ (GUTGEMEINTE) Ratschläge, sich nicht alleine auf die Straße zu trauen, weist er _____ (FREUNDLICHLÄCHELND) zurück. Da es auf Dauer sehr _____ (ANSTRENGENDSEIN) kann, ständig Klickgeräusche von sich zu geben, hat Kish ein Gerät entwickelt, das ihm das Schnalzen _____ (ABNIMMT) und es verfeinert. Es liefert eine Auswahl klarer Klicklaute, die man bei Bedarf lauter _____ (STELLENKANN). Das _____ (COMPUTERGENERIERTE) Schnalzen ist dem _____ (SELBSTGEMACHTEN) _____ (WEITÜBERLEGEN), denn sein Echo ist sehr viel klarer. Um diese Echoortung zu lernen und nutzen zu können, muss man _____ (HARTTRAINIEREN). Dan Kish reist durch die ganze Welt, um sein Wissen _____ (WEITERZUGEBEN) und blinden Menschen somit neue Mobilität zu eröffnen. Er möchte alle blinden Menschen darin bestärken, ihr _____ (ÜBERVORSICHTIGES) Verhalten _____ (AUFZUGEBEN) und sich ins Leben zu wagen.

Haltestelle

Zusammenschreiben oder getrennt schreiben?

Verbindungen mit Verben

1 Verben, die mit bestimmten Wortbausteinen gebildet werden, schreibst du zusammen. Insgesamt gibt es ca. 90 Präpositionen und Adverbien, die mit Verben eine Zusammensetzung bilden können.

ankommen, hinunterklettern, vorbeifahren, hinausschauen, mitdenken, dazugehören

2 Diese Verbindungen werden allerdings in einigen Fällen auch getrennt geschrieben, und zwar dann, wenn beide Bestandteile gleichermaßen betont sind und sich die Bedeutung verändert.

Der Abend war sehr lustig. Es sind noch einige Freunde dazugekommen. Leider sind wir gar nicht dazu gekommen, uns länger zu unterhalten.

3 Wenn zwei Verben aufeinander folgen, schreibst du in der Regel getrennt.

schätzen lernen, geschenkt bekommen, arbeiten gehen, lesen üben, getrennt schreiben

Werden diese Verben nominalisiert/substantiviert, schreibst du sie zusammen und groß.

Das Lesenüben ist für Grundschulkinder sehr wichtig.

4 Ist dieses zweite Verb bleiben oder lassen, kannst du diese Verbindung zusammenschreiben, wenn eine übertragene Bedeutung entsteht. Du kannst diese Verbindung aber auch getrennt schreiben.

Sie befürchtet, dass sie bei ihrem Vortrag steckenbleibt/stecken bleibt. Letzte Woche sind wir mit dem Wagen im Schlamm stecken geblieben. Ich habe den Mülleimer stehen gelassen. Sie hat ihre Freundin einfach stehengelassen/stehen gelassen.

5 Verbindungen mit dem Hilfsverb sein schreibst du immer getrennt.

zurück sein, dabei sein, glücklich sein, zusammen sein, wach sein

Verbindungen mit Nomen/Substantiven

1 Verbindungen aus einem Nomen/Substantiv und einem Verb schreibt man getrennt.

Ski fahren, Rat suchen, Besorgnis erregen, Feuer fangen, Zeit sparen

Wird diese Verbindung aber wie ein Adjektiv gebraucht, das das Nomen/Substantiv näher beschreibt, kannst du sowohl zusammen- als auch getrennt schreiben.

Zeitsparende Lerntechniken können bei der Vorbereitung von Klassenarbeiten helfen.
Zeit sparende Lerntechniken können bei der Vorbereitung von Klassenarbeiten helfen.

2 Nominalisierungen/Substantivierungen schreibst du zusammen.

Das Skifahren macht großen Spaß.

3 Verbindungen aus verblassten Nomen/Substantiven schreibst du zusammen.

heimsuchen, kopfrechnen, wetteifern, segelfliegen, irreführen, standhalten, schlafwandeln, sonnenbaden, handhaben, stattgeben, schlussfolgern, leidtun

Verbindungen mit Adjektiven/Partizipien

1 Verbindungen aus Adjektiv und Verb schreibst du in der Regel getrennt.

laut lachen, schnell laufen, genau nehmen, lästig fallen, kritisch denken, leise reden, auswendig lernen

2 Du schreibst diese Verbindungen aber zusammen, wenn eine übertragene Bedeutung entsteht.

Ich bin mir sicher, dass du deine nächste Deutscharbeit gut schreibst.
Meine Oma hat mir einen Betrag auf mein Konto gutgeschrieben.
Sie ist in der Sportstunde schwer gefallen.
Ihm ist die Informatikarbeit schwergefallen.

3 Verbindungen aus zwei Adjektiven werden zusammengeschrieben.

hellblau, nasskalt, süßsauer, großzügig, einfach, kleinmütig

4 Werden Adjektive mit einem Bestandteil verbunden, der die Bedeutung verstärkt oder abschwächt, schreibst du diese Verbindung zusammen.
bitterböse, brandaktuell, erzkonservativ, grundverschieden, hyperaktiv, superschnell, todtraurig, überglücklich, urkomisch

5 Geht dem Adjektiv ein weiteres Adjektiv voraus, das seine Bedeutung verstärkt oder abschwächt, kannst du diese Verbindung getrennt oder zusammenschreiben.

ein schwerverständlicher Artikel   ein schwer verständlicher Artikel

Wird diese Verbindung allerdings gesteigert oder erweitert, schreibst du sie getrennt.

der Artikel war <u>sehr</u> schwer verständlich.

6 Verkürzte Wortgruppen aus Nomen/Substantiv und Partizip oder Adjektiv schreibst du zusammen. Bei einer verkürzten Wortgruppe wird ein Artikel oder eine Präposition eingespart.

Sie betrat <u>vor</u> Freude strahlend das Klassenzimmer.

Sie betrat freudestrahlend das Klassenzimmer.

Er war <u>von</u> Angst erfüllt, weil er einen Albtraum gehabt hatte.

Er war angsterfüllt, weil er einen Albtraum gehabt hatte.

7 Wird ein Adjektiv mit dem Wort nicht verbunden, kannst du sowohl zusammen- als auch getrennt schreiben.

Dies ist eine nichtgenehmigte Demonstration.

Dies ist eine nicht genehmigte Demonstration.

Bezieht sich die Partikel nicht aber auf den gesamten Satz, schreibst du getrennt.
Die Demonstration kann nicht genehmigt werden.

Weitere Wortarten

1 Ausdrücke mit dem Bestandteil irgend- werden zusammengeschrieben.

irgendjemand, irgendwie, irgendwo, irgendetwas

2 Zahlreiche Ausdrücke, die adverbial oder präpositional gebraucht werden, können sowohl getrennt als auch zusammengeschrieben werden.

außerstand sein – außer Stande sein
zustande bringen – zu Stande bringen
zuleide tun – zu Leide tun
infrage stellen – in Frage stellen
zurate ziehen – zu Rate ziehen
anstelle von – an Stelle von

3 Wird ein Adjektiv mit den Partikeln so, wie oder zu verbunden, wird diese Verbindung in der Regel getrennt geschrieben.

so oft, wie viel, zu viel, so viel

Konjunktionen mit der Partikel so werden allerdings zusammengeschrieben. Nur die Konjunktion so dass/sodass darfst du sowohl getrennt als auch zusammenschreiben.

Sobald ich die Schule beendet habe, werde ich ein Auslandspraktikum beginnen.

4 Verbindungen mit den Bestandteilen gar und überhaupt werden getrennt geschrieben.

gar nicht, gar sehr, überhaupt nicht

Fremdwörter

Fremdwörter mit ph, rh, th und y – Fremdwörter griechisch-lateinischer Herkunft

Fremdwörter mit den Wortbausteinen photo/foto, graph/graf, phon/fon sind griechisch-lateinischen Ursprungs. Da sie häufig nicht mehr als Fremdwörter empfunden werden, kannst du sie in ihrer ursprünglichen oder in der modernen Version schreiben. Durchgesetzt hat sich (außer in wissenschaftlichen Texten) die moderne Version.

die Fotokopie	die Photokopie
die Biografie	die Biographie
das Mikrofon	das Mikrophon

 1 Ergänze die Tabelle.

	Fremdwortschreibung	ins Deutsche übernommene Schreibweise
?otogra?ieren	photographieren	fotografieren
die ?otovoltaik		
die ?otosynthese		
?otogen		
(die) Geogra?ie		
die Autobiogra?ie		
die Kalligra?ie		
die Gra?ologie		
(das) Gra?ikdesign		
der Choreogra?		
das Maga?on		
die ?onetik		
das Saxo?on		
franko?on		

2 Es gibt noch weitere Wörter, für die es zwei richtige Schreibweisen gibt. Hier hast du die Wahl: ph oder f, th oder t, gh oder g. Im Worträtsel wird die moderne Variante gesucht.

Vorstellungskraft:

schwarzer Leopard:

gesellige und äußerst intelligente Walart:

abgetrennter Stadtbezirk, in dem häufig diskriminierte Minderheiten leben:

große Makrele:

eingedickte Sauermilch:

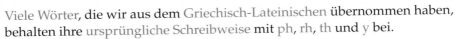

Viele Wörter, die wir aus dem Griechisch-Lateinischen übernommen haben, behalten ihre ursprüngliche Schreibweise mit ph, rh, th und y bei.

das Chlorophyll, physisch, die Phobie, die Philharmonie, die Katastrophe, die Metapher, das Rheuma, die Rhetorik, der Rhythmus, der Rhombus, der Rhesusfaktor, die Theorie, das Thermostat, das Theater, der Äther, das System, die Hymne, das Symbol

3 In den Fremdwörtern fehlt entweder das th, das rh oder das ph. Schreibe die Wörter richtig auf die Linien.

das As?ma   das Asthma

das ?änomen

der ?y?mus

die Me?ode

der ?iloso?

die ?etorik

das ?ema

der Apostro?

der A?let

die Eu?orie

4 Finde in den Blütenblättern das richtige Fremdwort mit y. Kennst du die Bedeutung nicht, so schlage sie im Wörterbuch nach.

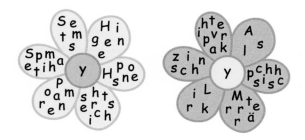

das System,

5 Verbinde die Fremdwörter mit der richtigen Definition/Erklärung.

Koryphäe	bischöfliche Hauptkirche
Ethik	Abneigung/Widerwille
Metapher	der These entgegengesetzte Behauptung
Phrase	Lehre vom sittlichen Wollen und Handeln des Menschen
phlegmatisch	feierlich/übertrieben/gefühlvoll
Hemisphäre	Doppellaut (ei, eu, au, ai, ie, ou)
Antipathie	bildlicher Ausdruck ohne das Vergleichswort wie
Bibliothek	Erdhälfte
Diphthong	bedeutende Persönlichkeit/Gelehrter
Antithese	abgegriffene, leere Redensart/Geschwätz
pathetisch	träge/schwerfällig/gleichgültig
Kathedrale	(wissenschaftliche) Bücherei

Typische Endungen griechisch-lateinischen Ursprungs

Häufig vorkommende Endungen (Suffixe), die einen griechisch-lateinischen Ursprung anzeigen, sind:

-(t)ion:	die Inflation, die Emanzipation, die Opposition, die Kaution
-tät:	die Loyalität, die Aggressivität, die Rarität, die Autorität
-ik:	die Botanik, die Epik, die Mechanik, die Gestik, die Dramatik
-mus/ismus:	der Humanismus, der Organismus, der Egoismus
-enz/anz:	die Substanz, die Potenz, die Differenz, die Akzeptanz

Diese Endungen findest du oft bei Adjektiven:

-ekt:	perfekt, direkt, suspekt, korrekt
-iv:	passiv, demonstrativ, massiv, impulsiv
-il:	stabil, fragil, senil, infantil, subtil, diffizil
-ent:	virulent, permanent, eloquent, oppulent, stringent
-ziell/-tiell:	substanziell/substantiell, potenziell/potentiell, essenziell/ essentiell (Bevorzugt wird die Endung-ziell.)

Besonders wichtig aber ist, dass du dir -ieren als Verbindung einprägst.

programmieren, intensivieren, studieren, funktionieren, relativieren, organisieren

6 Finde zu den Nomen/Substantiven das entsprechende Verb.

Nomen/Substantive	Verben mit der Endung -ieren
die Installation	installieren
das Experiment	
das Interesse	
die Faszination	
die Analyse	
die Reanimation	
die Operation	
die Motivation	

7 Finde die Wörter der Wortblumen und schreibe sie auf.

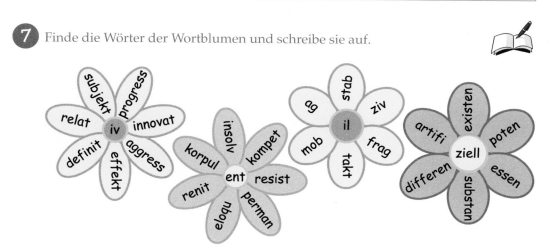

8 Bilde zu den angegebenen Nomen/Substantiven das entsprechende Adjektiv.

Nomen/Substantive	-iv	-il	-ziell/-tiell	-ekt	-ent
die Provokation	provo-kativ				
die Konsequenz					
die Existenz					

Nomen/ Substantive	-iv	-il	-ziell/ -tiell	-ekt	-ent
die Perfektion					
die Mobilität					
die Intelligenz					
die Stabilität					
die Kommunika-tion					
die Tendenz					
die Naivität					
die Infantilität					
die Intensität					
die Finanzen					
die Kooperation					

9 Bilde mit diesen Endungen Fremdwörter und schreibe die Wörter auf. Vergiss den Artikel (der, die, das) nicht.

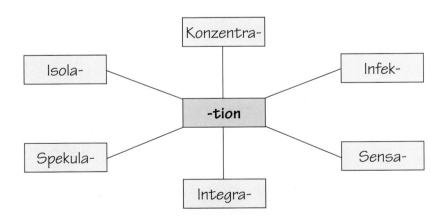

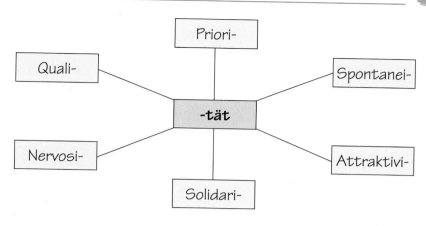

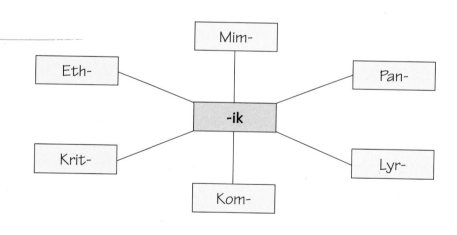

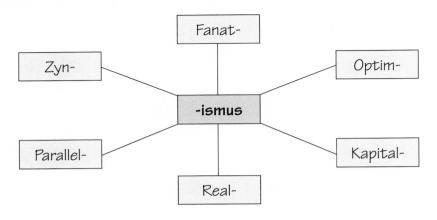

Fanat-

Zyn-

Optim-

-ismus

Parallel-

Kapital-

Real-

Fremdwörter aus dem Englischen

Viele Fremdwörter, die du häufig verwendest, stammen aus dem Englischen. Man bezeichnet sie als Anglizismen. Fast immer wird die englische Schreibweise beibehalten.

der Airbag, das Styling, cool, online, trendy, tricky, tough, die Software, der Browser

Anders als im Englischen erhalten Wörter mit der Endung y im Plural ein s. Das Englische verlangt die Endung ies.

die City   die Citys
das Hobby   die Hobbys
die Party   die Partys

10 Die deutsche Sprache ist in der Wortneuschöpfung sehr kreativ. Dies zeigt sich auch in der Verbbildung. Kreiere aus den englischen Verben/Nomen die in die deutsche Sprache übernommenen Verben.

Englisch	„Denglisch"
to chat	chatten
to chill	
to cruise	
to dis	
to fax	
to flirt	
to google	
to groove	
to mail	
to mob	
to pierce	
to rap	
to rave	
to recycle	
to scroll	
a SMS	
to zap	

11 Die aus dem Englischen übernommenen Verben werden im Deutschen regelmäßig konjugiert. Konjugiere das Verb *mailen* in allen Tempora.

Personalform	Prä-sens	Perfekt	Prä-teri-tum	Plus-quam-perfekt	Futur I	Futur II
1. Pers. Sg.: ich	maile	habe gemailt	mailte	hatte gemailt	werde mailen	werde gemailt haben
2. Pers. Sg.: du						
3. Pers. Sg.: er, sie, es						
1. Pers. Pl.: wir						
2. Pers. Pl.: ihr						
3. Pers. Pl.: sie						

12 Viren haben das Internetvokabular zerstört. Setze die Wörter wieder richtig zusammen.

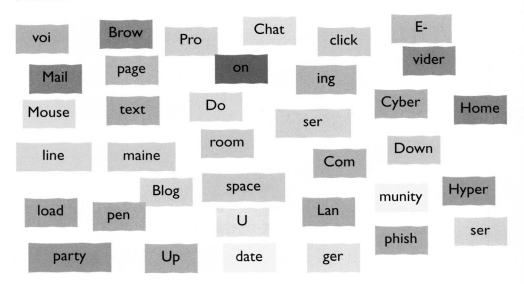

voipen, phishing,

Fremdwörter aus dem Französischen – typische Endungen

Französische Wörter erkennst du vor allem an ihren Endungen:

eur	der Installateur, der Chauffeur, der Dekorateur, der Souffleur, das Malheur
ier/iere	der Portier, der Bankier, das Atelier, die Premiere, die Karriere
ment	das Engagement, das Appartement, das Abonnement, das Raiffinement, das Bombardement, das Enjambement
eau	das Niveau, das Plateau
oir	die Memoiren, das Repertoire, das Pissoir
age	die Montage, die Massage, die (Text)passage, die Courage, die Garage, die Karambolage, die Vernissage
ee	die Allee, die Tournee, die Moschee, das Frottee, das Portmonee
ant	das Restaurant, das Croissant, brillant, charmant, larmoyant
ette	das Baguette, die Toilette, die Etiquette, die Silhouette

13 Unterstreiche zunächst alle französischen und alle aus dem Französischen entnommenen Wörter, die du kennst. Schreibe sie dann heraus und vergiss nicht, den Artikel (der, die, das) bei den Nomen zu ergänzen. Formuliere anschließend eine Antwort auf die Annonce in deinem Heft, indem du deinen Text mit möglichst vielen französischen Wörtern spickst.

Monsieur Boursier

M. Boursier, ein Bankier von respektablem Renommee, verlässt sein nobles Appartement im 18. Arrondissement heute einmal ohne Café crème und Croissant, jedoch nicht ohne sein wichtigstes Accessoire: ein beigefarbenes

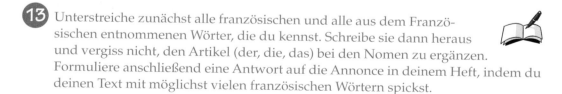

Zigarrenetui. Da der Chauffeur Malaisen mit seiner Bandscheibe hat, bleibt die Limousine in der Garage. Doch für M. Boursier ist dies kein Malheur. So promeniert er ein wenig an den Quais der Seine entlang und flaniert an teuren Boutiquen vorbei.

Im Foyer seiner prestigeträchtigen Bank angekommen, überreicht ihm der Portier ein wichtiges Dossier. En passant streift er die Portraits seiner Ahnen mit einem kurzen Blick und erreicht sein Büro in der obersten Etage. Nach der Lektüre des Dossiers kontrolliert er ohne großes Engagement einige Wertpapiere. Heute fehlt ihm der nötige Esprit und er lässt seine Gedanken schweifen. Plötzlich hat er eine Idee. Couragiert gibt er – natürlich unter Chiffre und in einer seriösen Zeitung – eine Annonce auf.

Kultivierter Bankier sucht charmante Sie, die sich ohne Fauxpas auf dem Terrain der Crème de la Crème bewegt, auf einer Vernissage ebenso parliert wie beim Diner des Ministers und etwas vom Savoir-vivre versteht.

der Monsieur, der Bankier

 Ordne die Wörter in die Tabelle ein.

das Negligé/Negligee, das Baguette, der Satin, der Teint, das Rouge, das Parfum/Parfüm, der Flakon, der Café crème, die Crème fraîche, das Croissant, der Crêpe/Krepp, das Restaurant, das Dessert, die Boutique/Butike, das Accessoire, der Chicorée/Schikoree, das Necessaire/Nessessär, chic/schick, die Mayonnaise/Majonäse, die Creme/Kreme, das das Dekolleté/Dekolletee, der Gourmet, das Dessous, das Menü/Menu, das Trikot, die Bouillon, das Buffet/Büfett, der Camembert, der Champagner, das Fondue, das Filet, das Gelee

Mode/Kosmetik	Essen und Trinken
das Negligé/das Negligee,	das Baguette,

15 Bilde zu den Nomen/Substantiven die entsprechenden Verben und Partizipien mit den Endungen -ieren/-iert.

Nomen/Substantive	Verben auf -ieren/ Partizipien auf -iert
das Engagement	engagieren/engagiert
die Montage	
das Detail	
die Blamage	
die Annonce	
das Abonnement	
die Taille	
das Portrait	
das Arrangement	
die Souffleuse	
die Recherche	

Teste dein Wissen 7

GETESTET

1 Kreuze alle richtigen Schreibweisen der folgenden Wörter an.

Butik	☐	Rhythmus	☐
Boutique	☐	Rytmus	☐
Butike	☐	Rhytmus	☐
Boutick	☐	Rythmus	☐
Creme	☐	Photograph	☐
Kräm	☐	Fotograf	☐
Kreme	☐	Photograf	☐
Krem	☐	Fotograph	☐
Majonnaise	☐		
Majonäse	☐		
Mayonnaise	☐		
Majonese	☐		

2 Korrigiere die Fehler der Texte, indem du sie richtig in dein Heft schreibst. Wenn du unsicher bist, schlage im Wörterbuch nach. Beantworte auch die Fragen.

Schulalltag

● **Lyrick, Epick, Dramatick, rethorische** Figuren wie **Metafer, Anafer** und Parallelismus sowie **Deteilanalysen** einzelner **Textpassagen** rufen manchmal wenig **Eupforie** hervor. Was ist eigentlich ein **Enjambemant?**

● Auch die **Tehmen** der **Matematik, Statistick, Stochastick** und **Differentzialgleichungen fasziniren** nicht jedermann. Was ist eigentlich ein **Logaritmus?**

● Im Fremdsprachenunterricht hat die **Kommunikazion Prioritet, Grammatick,** Wort-

schatz und **Phonetick** sind ebenfalls **existentiel** (zumindest für den Sprachenlehrer). Für manchen Schüler bleibt ein **Sprachsistem** jedoch äußerst schwierig.

Was bedeutet eigentlich **Phonetick?**

3 Korrigiere die Fehler, indem du das falsch geschriebene Wort durchstreichst.

- Fysik/Physik, Chemie und Biologie motivieren/motiviren zum Experimentiren/Experimentieren. Wissenschaftliche Mehtoden/Methoden zur Beschreibung komplexer Fänomene/Phänomene sind einigen Schülern dennoch suspekt/suspeckt.

  Was ist eigentlich ein Resusfaktor/Rhesusfaktor?

- Der Kunstunterricht setzt auf Innovazion/Innovation, Kreativität/Kreativitet und Fantasie, auf Kunsttheorie/Kunsttheorie und -geschichte sowie auf die praktische Arbeit im Atelje/Atelier.

  Was ist eigentlich eine Vernissage/Vernisage?

- Das Repertoir/Repertoire im Musikunterricht ist niveauvoll/nivovoll, erstreckt sich vom Barock bis zur Moderne. Die Analyse brillianter/brillanter Sinfonien ist jedoch nur etwas für Experten.

  Was bedeutet eigentlich Filharmonie/Philharmonie?

Haltestelle

Fremdwörter

1 Fremdwörter mit den Wortbausteinen photo/foto, graph/graf, phon/fon kannst du in der fremdsprachigen oder in der modernen Version schreiben. Durchgesetzt hat sich (außer in wissenschaftlichen Texten) die moderne Vartiante.

die Choreografin	die Choreographin
die Fotovoltaik	die Photovoltaik
das Saxofon	das Saxophon

2 Die meisten Wörter, die wir aus dem Griechisch-Lateinischen übernommen haben, behalten jedoch ihre ursprüngliche Schreibweise mit ph, rh und th bei.

die Metapher, die Hemisphäre, der Physiotherapeut, die Koryphäe, die Sympathie, der Rhythmus, die Rhetorik

3 Fremdwörter, die wir aus dem Französischen übernommen haben, erkennst du vor allem an ihren Endungen. Typisch französische Endungen sind:

eur	das Malheur, der Redakteur, der Voyeur
ier/iere	der Bankier, das Atelier, die Karriere, der Croupier
ment	das Engagement, das Abonnement, das Enjambement, das Ressentiment
eau	das Niveau, das Plateau
oir	die Mémoiren, das Repertoire
age	die Reportage, die Etage, die Sabotage, die Blamage, die Karambolage, die Vernissage, die Finissage
ee	das Dekolletee, das Klischee, das Renommee, die Idee
ant	das Restaurant, das Croissant, brillant, charmant, larmoyant
ette	das Baguette, die Toilette, die Paillette, das Roulette

4 Fremdwörter aus dem Englischen behalten fast immer die englische Schreibweise bei.

das Recycling, das Ticket, online, trendy, das Stalking, die Hardware, das Foul, die Flatrate, das Image

5 Anders als im Englischen erhalten Wörter mit der Endung y im Plural ein s. Das Englische verlangt die Endung ies.

der Teddy	die Teddys
der Gully	die Gullys
das Hobby	die Hobbys

Silbentrennung

Grundsätzliches

Diese Situation kennst du sicherlich: Wenn du einen längeren Text schreibst, kann es vorkommen, dass mitten im Wort ein Zeilenwechsel vorgenommen werden muss. Als Trennungszeichen dient dir der Trennungsstrich (-). Du kannst nur mehrsilbige Wörter trennen, und zwar so, wie sie beim langsamen Sprechen in Silben zerlegt werden.

Sil-be, Wör-ter, spre-chen, deut-lich

Bei einfachen Wörtern trennst du in der Regel vor dem Konsonanten.

No-men, Sei-te, Schu-le, hö-ren, bei-de

Folgen mehrere Konsonanten nacheinander, kommt in der Regel der letzte in die folgende Zeile. Das gilt auch für Doppelkonsonanten.

Ver-ben, Ad-jek-tiv, Geschich-te, plötz-lich
Mit-tag, Trom-mel, rol-len, schlep-pen, den-noch

Doppelvokale (aa, ee, oo) und Diphthonge (au, ei, eu) trennst du nicht.

die Waa-ge, die Bee-ren, Boo-te, schrei-ben, lau-fen, eu-er

Auch einzelne Vokale oder Umlaute am Anfang oder Ende eines Wortes trennst du nicht ab. Das gilt auch für Zusammensetzungen.

Abend, Som-mer-abend, Ufer, aus-ufern, Öse, üben, ein-üben, Kleie

Zusammengesetzte Wörter und Wörter mit Präfix (Vorsilbe) trennst du nach den einzelnen Bestandteilen. Die Bestandteile selbst werden wie in den einfachen Wörtern getrennt.

Haupt-satz, be-en-den
Pro-no-men, Ne-ben-satz, ver-ste-hen

1 Schreibe die Wörter ab und trenne sie mit einem senkrechten Strich nach jeder Silbe.

schleifen, raufen, die Katze, kennen, die Staude, die Paare, das Klima, diese, das Büro, die Muße, das Lebenswerk, der Nachmittag, vorbereiten, der Igel, leise, die Haie, der Wiesenklee, die Wasseroberfläche, die Miniaturausgabe, beenden, übermütig, die Bebauung, das Seeufer, die Zeitungsannonce, der Verkaufsraum, beeilen, das Verständnis, ausüben, die Treue, getroffen, der Meeresspiegel, die Haarspange, bestellen, die Silbentrennungsregel, böig

Besondere Verbindungen von Konsonanten

Buchstabenverbindungen wie ch, sch, ph, rh, sh oder th, die für einen Konsenanten stehen, trennst du nicht.

la-chen, die Ta-sche, der Sa-phir, die Myr-rhe, die Gei-sha, ath-letisch

Auch ck steht für einen Laut und wird nicht getrennt.

der Zu-cker, der Bä-cker, ste-cken, trock-nen

 Lass dir die Zeilen diktieren. Achte auf die Betonung und füge alle möglichen Trennstriche ein.

beobachten, die Drucke, der Obstkorb, der Tacker, der Rhythmus, die Küste, gefährlich, der Asphalt, das Fußballshirt, der Klavierhocker, die Enttäuschung, trennen, der Philosoph, die Rosenstöcke, der Panther, die Sushibar, verrosten, der Augustabend, der Pfostenschuss, backen, der Theorieunterricht, kurzfristig

Die Trennung von Fremdwörtern und andere Sonderfälle

In Fremdwörtern kannst du oft die Trennung nach Sprechsilben oder nach den ursprünglichen Wortbestandteilen vornehmen.

Trennung nach Sprechsilben	Trennung nach Wortbestandteilen
Hy-drant	Hyd-rant
Hek-tar	Hekt-ar
In-te-res-se	In-ter-es-se

Das Gleiche gilt für Wörter, die ursprünglich Zusammensetzungen waren.

Trennung nach Sprechsilbe	Trennung nach Wortbestandteilen
wa-rum	war-um
hi-nauf	hin-auf
he-raus	her-aus

3 Trenne die folgenden Wörter nach Sprechsilben und nach ihren originalen
Bestandteilen.

der Pullover, einander, die Autorität, der Helikopter, metrisch, hinunter, die
Diagnose, hinaufgehen, das Saxophon, der Zyklus.

Trennung nach Sprechsilben: neu	Trennung nach Wortzusammensetzung: weiterhin gültig
Pul-lo-ver	Pull-over

Teste dein Wissen 8

GETESTET

 Füge bei den unterstrichenen Wörtern alle möglichen Trennstriche ein.

Richtige Recherche

Das gezielte Nachschlagen ist inzwischen zu einer wichtigen Lerntechnik geworden. Es geht darum, möglichst schnell geeignetes Material zu finden und zu erschließen. Wer weiß, wo und wie er sich Informationen beschaffen kann, hat einen Lernvorteil und erspart sich außerdem Zeit. So gibt es spezielle Fachlexika. Du schlägst zum Beispiel im naturwissenschaftlichen Lexikon nach, um etwas über Magnetismus oder andere physikalische Phänomene zu erfahren. Das Geschichtslexikon vermittelt dir Wissen über Epochen und historische Persönlichkeiten. Übrigens findest du auch im Internet solche Nachschlagebereiche. Beachte aber, dass es dabei oft schwer ist, die Zuverlässigkeit der Quellen zu überprüfen. Auch in der Qualität gibt es große Unterschiede bei den Webseiten. Seiten von Behörden und Institutionen, die bekannt sind und als seriös gelten, sowie die Seiten von Nachrichtenagenturen und Zeitungsverlagen sind in der Regel vertrauenswürdig. Internetmaterialien verleiten allerdings oft dazu, Texte auszudrucken und als eigene Gedanken in den Vortrag oder den Text zu übernehmen. Denke daran, Passagen, die du wörtlich übernimmst, als Zitat zu kennzeichnen.

2 Ein Computerprogramm schlägt die folgenden fehlerhaften Silbentrennungen vor.
Übertrage das jeweilige Wort auf die Linie und füge den richtigen Trennstrich ein.

Dachs|poiler   Dach/spoiler

Delikat|essen

Eid|otter

Host|essen

Kau|fladen

Nach|truhe

Punk|trichter

Rucksac|kreisende

Schiffs|irene

Schreibblock|ade

Schlupf|licht

Silbent|rennung

sieb|ente

Tee|nager

verb|eulen

Winde|seile

Haltestelle

Silbentrennung

1 Grundsätzlich gilt, dass mehrsilbige Wörter nach Sprechsilben getrennt werden können.

Re-gel, Haupt-sät-ze, bil-den

In der Regel kommt ein einzelner Konsonant und bei mehreren der letzte in die nächste Zeile.

Pro-no-men, tren-nen, Rit-ter, Ach-sel, schimp-fen

2 Doppelvokale und Diphthonge trennst du nicht.

Haa-re, Feen, schnei-den, läu-ten

3 Einzelne Vokale und Umlaute am Anfang und Ende eines Wortes trennst du ebenfalls nicht ab.

Amei-se, Eber, äsen, Haie

4 Buchstabenverbindungen wie ch, sch, ph, sh, th oder ck, die für einen Laut stehen, trennst du nicht.

Bä-che, Fla-sche, Pro-phet, Su-shi, ka-tho-lisch, schme-cken

5 Bei Fremdwörtern gilt sowohl die Trennung nach den Sprechsilben als auch nach den Wortbestandteilen.

Dip-lom und Di-plom
Pub-li-kum und Pu-bli-kum
neut-ral und neu-tral
Pä-da-go-gik und Päd-a-go-gik

Zeichensetzung

Das Komma bei Aufzählungen, Voranstellungen, Einschüben und nachgestellten Erläuterungen

Zählst du Wörter, Wortgruppen oder Sätze auf, setzt du ein Komma.

Auf der Museumsinsel befinden sich mehrere Kunstsammlungen, die im Alten Museum, im Neuen Museum, in der alten Nationalgalerie und im Bode-Museum untergebracht sind.

Voranstellungen wie zum Beispiel Anreden, Aufforderungen oder Ausrufe und andere Empfindungswörter werden ebenfalls mit einem Komma vom übrigen Satz abgegrenzt.

David, gib mir bitte mal den Stadtplan!
Entschuldigung, wie komme ich zur Museumsinsel?
Ach, der Weg ist ganz einfach zu finden.

Auch vor nachgestellten Erläuterungen zu einem Nomen/Substantiv musst du ein Komma setzen. Sind sie eingeschoben, schließt du sie in paarige Kommas ein. Nachträgliche Erläuterungen werden häufig durch folgende Ausdrücke eingeleitet: und zwar, unter anderem, nämlich, insbesondere, besonders.

Die Museumsinsel, die Schatztruhe Berlins, befindet sich im Zentrum Berlins, und zwar auf einer Spreeinsel hinter dem Berliner Dom.

---

1 Füge die fehlenden Kommas ein und bestimme, ob es sich um eine Aufzählung (A), um eine Voranstellung (V), einen Einschub (E) oder eine nachgestellte Erläuterung handelt (N).

- Sag mal David was sollte ich mir deiner Meinung nach unbedingt in Berlin ansehen? ☐

- Nun Berlin hat eine ganze Menge zu bieten. ☐

- Wenn du einen Einblick in das „alte Berlin" erhalten möchtest, dann solltest du einen Spaziergang durch die Prachtstraße „Unter den Linden" machen. Sie beginnt an Berlins symbolträchtigstem Bauwerk dem Brandenburger Tor. ☐

- Der Mittelpunkt des sogenannten „neuen Berlin" der Potsdamer Platz ist dagegen von sehr modernen Gebäuden geprägt. ☐

- Er entstand innerhalb von fünf Jahren auf einer Brachfläche des sogenannten Todesstreifens also der Grenzanlage zwischen Ost- und Westberlin. ☐

- Um den Tiergarten herum errichtete man nach der Wiedervereinigung das neue Regierungszentrum mit dem pompösen Bundeskanzleramt und dem sogenannten Paul-Löbe-Haus einem Bürogebäude für die Bundestagsabgeordneten. ☐

- Zum Einkaufen empfehle ich dir das Scheunenviertel, wo man junge Designermode manchmal recht ausgefallen findet. ☐

- Zu diesem Viertel gehören zum Beispiel die Hackeschen Höfe eine Häuseranlage mit engen Gassen und verwinkelten Hinterhöfen. ☐

- Eine weitere Einkaufsmeile ist natürlich der Kurfürstendamm hier insbesondere das Europa-Center. ☐

- So und wenn du dann Hunger hast, fährst du mit der U-Bahn in eines der Szeneviertel und zwar nach Kreuzberg Penzlauer Berg oder Friedrichshain. ☐ ☐

Das Komma vor nebenordnenden Konjunktionen

Du kannst Wörter, Wortgruppen, Nebensätze oder Hauptsätze mit nebenordnenden Konjunktionen wie und, oder, sowie, entweder … oder, sowohl … als auch, weder … noch, beziehungsweise miteinander verbinden. In der Regel setzt du hier kein Komma.

In der neu entstandenen Reichstagskuppel wurden 3000 Quadratmeter Glas sowie 24 Hauptstahlrippen verarbeitet.

Du musst ein Komma vor und, sowie und oder einfügen, wenn ein Nebensatz, ein Nachtrag oder wörtliche Rede vorangeht.

Besucher erreichen die Kuppel über zwei Fahrstühle, die zur Dachterrasse fahren (NS), und gelangen dann zu Fuß zur Aussichtsplattform im oberen Teil der Kuppel. Die Dachterrasse, in 24 Metern Höhe gelegen (Nachtrag), sowie die Aussichtsplattform bieten einen interessanten Rundblick über Berlin.
Bei klarer Sicht wird jeder Besucher sagen: „Das ist ein beeindruckendes Erlebnis" (wörtliche Rede), und viele werden es lange in Erinnerung behalten.

Vor gegenüberstellenden und einschränkenden Konjunktionen steht immer ein Komma. Merke dir folgende besonders:

aber
sondern
jedoch
vielmehr
dagegen
nicht nur/sondern auch
einerseits/andererseits
teils/teils

Das Lichtumlenkelement im Innern der Kuppel lenkt nicht nur Tageslicht in den Plenarsaal, sondern leitet über eine Abluftdüse auch verbrauchte Luft aus dem Innern nach oben.

 Unterstreiche die nebenordnenden Konjunktionen und setze die noch fehlenden Kommas ein.

Die Geschichte des Reichstagsgebäudes

● Nach der Reichsgründung im Januar 1871 trat Ende März das erste gesamtdeutsche Parlament zusammen und schon im darauffolgenden Monat debattierten die Parlamentarier über den Neubau eines Parlamentsgebäudes.

- In einem Architekturwettbewerb im Jahre 1882 gewann zwar Paul Wallot mit seinem Entwurf den ersten Preis aber er musste seine Pläne mehrfach überarbeiten.

- Er kämpfte besonders darum, die Kuppel entsprechend seinem ursprünglichen Entwurf zentral über dem Sitzungssaal anzubringen. Wallot betrachtete die Kuppel sowohl aus Gründen der Lichtwirkung im Gebäude als auch für die äußere Gesamtwirkung als notwendig.

- Nach Abdankung des Kaisers rief der Sozialdemokrat Philipp Scheidemann am 9. November 1918 von einem Fenster des Reichstagsgebäudes die Republik aus dagegen wurde infolge der anschließenden Unruhen in Berlin die im Januar 1919 gewählte Nationalversammlung nicht in das Reichstagsgebäude sondern in das Staatstheater nach Weimar einberufen.

- Sowohl der Beginn als auch das Ende der Weimarer Republik ist mit dem Reichstagsgebäude verknüpft. Der Reichstagsbrand am 27./28. Februar 1933 bot den Nationalsozialisten den willkommenen Vorwand, führende kommunistische Abgeordnete zu verhaften sowie wichtige Grundrechte außer Kraft zu setzen.

- Nach dem Zweiten Weltkrieg war die Reichstagsruine einerseits ein Symbol für die Zerstörungsgewalt des Krieges andererseits bildete sie am 9. September 1948 während der Berlinblockade den Hintergrund für die gewaltige Demonstration der Berliner, bei der Oberbürgermeister Ernst Reuter seinen berühmten Appell ausrief: „Ihr Völker der Welt, ... schaut auf diese Stadt" und damit um Unterstützung bat.

- Seit den Siebzigerjahren wurde das Gebäude teils für die Ausstellung „Fragen an die deutsche Geschichte" teils als Tagungsort für Ausschüsse des Bundestages genutzt.

- Nach der Wiedervereinigung rückte das Reichstagsgebäude durch den Bundestagsbeschluss vom 20. Juni 1991 für Berlin als Parlaments- und Regierungssitz sowie durch den Beschluss, das Reichstagsgebäude zum Sitz des Bundestages zu machen, endgültig in den Mittelpunkt des politischen Geschehens.

- Im Jahre 1995 machte das Gebäude allerdings nicht durch politische Schlagzeilen von sich reden
vielmehr stand es als Kunstobjekt
im Blickpunkt der Weltöffentlichkeit. Für vierzehn Tage wurde es
von den „Verpackungskünstlern"
Christo und Jeanne-Claude mit
Stoffbahnen verhüllt.

- Anschließend begannen die vom
britischen Architekten Norman
Foster geleiteten Umbaumaßnahmen, in deren Verlauf eine neue
Kuppel errichtet wurde, die sich einerseits an der ursprünglichen Architektur orientiert andererseits durch die Konstruktion aus Stahl und Glas eine
hochmoderne Version darstellt.

- Man erreicht die Kuppel entweder über den Westeingang oder in Ausnahmefällen durch einen Eingang unterhalb der Freitreppe an der Westseite des
Gebäudes.

Das Komma in einfachen und komplexen Satzgefügen

Du trennst Haupt- und Nebensätze mit einem Komma voneinander. Ein Nebensatz kann vor oder hinter einem Hauptsatz stehen oder in ihn eingefügt werden. In der Regel werden Nebensätze durch eine Konjunktion (weil, damit, obwohl, sodass …), ein Relativpronomen (der, die, das, welcher, welche, welches …) oder ein Fragewort (wer, was, wie, warum, ob …) eingeleitet.

Weil (K) Deutschland an die ermordeten Juden Europas erinnern will, wurde zwischen 2003 und 2005 das Holocaust-Mahnmal in Berlin errichtet. Der Entwurf, der (R) vom amerikanischen Architekten Peter Eisenman stammt, ist nicht unumstritten. Kritiker fragen z. B., warum (F) das Denkmal eine so große Fläche einnimmt.

Du musst das Komma auch zwischen Nebensätze gleichen Grades setzen, wenn diese nicht durch und, oder, beziehungsweise verbunden sind.

Befürworter des Holocaustmahnmals weisen darauf hin, dass Deutschland hiermit auch auf den Schmerz der Hinterbliebenen eingeht, dass Deutschland also auf sie zugeht.

In einem komplexen (erweiterten) Satzgefüge, in dem Nebensätze von einem anderen Nebensatz abhängen, trennst du diese Nebensätze unterschiedlichen Grades mit einem Komma voneinander.

Das Holocaustmahnmal, das bewusst im Zentrum der neuen Berliner Mitte gebaut wurde (NS 1. Grades), weil hier die ehemalige Machtzentrale der Nationalsozialisten war (NS 2. Grades), steht auf einem symbolträchtigen Gelände.

3 Unterstreiche die Nebensätze mit einer Wellenlinie und setze die fehlenden Kommas ein. Entscheide, ob es sich bei dem Bindewort um eine Konjunktion (K), ein Relativpronomen (R) oder ein Fragewort (F) handelt. Füge die entsprechende Abkürzung in das Kästchen am Ende des Satzes ein.

Das Holocaust-Mahnmal

- Das Denkmal für die ermordeten Juden Europas das zwischen 2003 und 2005 in unmittelbarer Nähe des Brandenburger Tors gebaut wurde ist kaum zu übersehen. ☐

- Es stellt eine Besonderheit dar weil das Feld aus 2.711 Betonstelen vollständig zu begehen ist. ☐

- Die Stelen die 95 cm breit und 2,98 m lang sind variieren zwischen 50 cm und 4,7 m in der Höhe. ☐

- Obwohl 1999 der Grundsatzbeschluss für den Bau des Denkmals erfolgte wurde erst 2003 damit begonnen. ☐

- Viele fragen sich warum das Denkmal eine Fläche von fast 19.000 qm umfasst und nur den ermordeten Juden gewidmet ist. ☐

- Es soll verdeutlichen dass Deutschland die Einzigartigkeit dieses Verbrechens anerkennt und die historische Verantwortung dafür übernimmt. ☐

- Der zentrale Standort wurde gewählt damit das Denkmal für alle gut sichtbar ist. ☐

- Kritiker fragen sich allerdings ob das Mahnmal ein angemessener Erinnerungsort ist. ☐

- Nachdem in der Öffentlichkeit viel über die Gestaltung des Denkmals diskutiert wurde hat man sich zusätzlich für einen Ort der Erinnerung unter dem Stelenfeld entschieden. ☐

- Diese Ausstellung die durch eine Treppe und einen Aufzug erreichbar ist informiert über die Opfer, die Orte der Vernichtung und steht in Verbindung mit anderen Gedenkstätten in Europa, Israel und den USA. ☐

- Außerdem stehen den Besuchern im Gedenkstättenportal Terminals zur Verfügung mit deren Hilfe man sich z.B. über die Debatten um das Denkmal informieren kann. ☐

- Wer sich über Einzelschicksale informieren möchte dem steht hier auch die Namensdatenbank der israelischen Gedenkstätte „Yad Vashem" zur Verfügung. ☐

4 Eine Aufgabe für Knobelfans: Unterstreiche in den Satzgefügen alle Nebensätze 1. Grades, die direkt vom Hauptsatz abhängen, mit einer gestrichelten Linie und die Nebensätze 2. Grades, die von einem anderen Nebensatz abhängen, mit einer Wellenlinie. Setze die fehlenden Kommas.

Berlin um 1900

- Zu Beginn des 20. Jahrhunderts ist Berlin die drittgrößte europäische Metropole die Jahr für Jahr Massen von Zuwanderern aus Brandenburg, Ostpreußen und Schlesien aufnehmen muss weil diese nach Arbeit im größten Industriezentrum Deutschlands suchen.

- Unternehmen wie Borsig, Agfa, Siemens und AEG die Berlin zur Welthauptstadt der Hochtechnologie gemacht haben indem Sie Erfindungen geschickt vermarkteten vergrößern zu dieser Zeit ihre Produktionsanlagen.

- Obwohl beispielsweise Siemens ein Industriegebiet, die „Siemensstadt", erschließt in dem neben den Produktionsstätten auch Wohnsiedlungen für die Angestellten und Arbeiter entstehen sind Wohnungen knapp und die Mietpreise sehr hoch.

- Um 1900 leben etwa 40 % der Bevölkerung in Wohnungen die nur ein beheizbares Zimmer haben das in der Regel gleichzeitig als Küche, Wohn- und Schlafzimmer dient.

- Es gibt Gemeinschaftstoiletten auf dem Treppenpodest oder im Hof die manchmal von 40 Personen benutzt werden da so beim Bau der neuen mehrstöckigen Mietskasernen Platz und Kosten gespart werden können.

- Viele Familien müssen „Schlafburschen" die selbst keine eigene Wohnung haben aufnehmen damit sie ihre Miete bezahlen können.

- Andere Menschen bewohnen feuchte Neubauten bis sie für Reichere beziehbar sind sodass sie zwar Miete sparen, aber ständig umziehen müssen.

- Während dieser Teil von Berlin im Elend verharrt entwickelt sich aber auch ein prachtvoller Teil der sich besonders „Unter den Linden" zeigt.

- Wenn man dieser Prachtstraße bis zum Brandenburger Tor folgt erreicht man das prunkvolle Hotel Adlon das 1907 eröffnet worden ist.

- Die größte Sehenswürdigkeit ist neben den Bauten aber vor allem auch der Kaiser. In Zeitungen und Stadtführern wird angezeigt wann und wo man ihn bestaunen kann während er z.B. an Paraden oder Denkmalsenthüllungen teilnimmt.

- Tausende von Berlinern stehen Spalier wenn das Gardekorps an dessen Spitze Wilhelm II. reitet zur Frühjahrs- oder Herbstparade ausrückt.

- Wenn man Berlin heute besucht kann man sich einen Eindruck sowohl von den prunkvollen Gebäuden als auch den Industriebauten der Kaiserzeit verschaffen indem man z.B. einen Spaziergang vom Alexanderplatz bis zum Brandenburger Tor unternimmt oder die Siemensstadt besucht.

Das Komma in verkürzten Nebensätzen

Manche Nebensätze lassen sich durch das Weglassen der Konjunktion verkürzen. Dies betrifft besonders häufig die Konjunktionen wenn, falls und dass. Auch diese verkürzten Nebensätze trennst du mit einem Komma vom Hauptsatz.

Ich vermute, dass wir morgen zum Olympiastadion fahren → Ich vermute, wir fahren morgen zum Olympiastadion.

Wenn wir heute nicht mehr die Reichstagskuppel besichtigen können, dann versuchen wir es morgen. → Können wir heute nicht mehr die Reichstagskuppel besichtigen, versuchen wir es morgen.

 5 Unterstreiche die Nebensätze und wandle sie anschließend in die verkürzte Form um. Denke an das Komma.

- Ich hoffe, dass die U-Bahn gleich kommt.

- Falls sie nicht kommen sollte, nehmen wir den Bus.

- Wenn der Bus am Deutschen Technikmuseum hält, dann besuchen wird dort die Ausstellung.

- Meine Freundin hat erzählt, dass sie sehr abwechslungsreich und interessant ist.

- Wenn wir anschließend noch Lust haben, dann nehmen wir die U2 zum Potsdamer Platz und fahren im Sony-Center mit dem schnellsten Fahrstuhl Europas nach oben.
- Ich nehme an, dass man von dort einen wunderbaren Blick über Berlin hat.

Das Komma bei Infinitivgruppen

Eine Konstruktion aus zu + Infinitiv, zu dem weitere Wörter hinzukommen, nennt man Infinitivgruppe. Sie kann mit einem Komma vom übrigen Satz abgetrennt werden. Manchmal muss sie sogar abgetrennt werden.

Jeder Abgeordnete ist verpflichtet(,) an der Sitzungswoche teilzunehmen.

Wenn die Infinitivgruppe mit um, ohne, statt, anstatt, außer eingeleitet wird, musst du ein Komma setzen.

Die Sitzungswoche im Bundestag folgt einem festen Schema, um Termine besser planen zu können.

Bezieht sich die Infinitivgruppe auf ein Nomen/Substantiv im übergeordneten Satz, trennst du diese ebenfalls mit einem Komma vom übrigen Satz.

Jeder hat die Möglichkeit, eine Plenarsitzung zu besuchen.

Auch wenn der übergeordnete Satz ankündigende oder rückverweisende Wörter wie dazu, darum, daran, darauf, damit, es, das, so enthält, wird die Infinitivgruppe durch ein Komma abgetrennt.

Besucher der Plenarsitzung sollten daran denken, sich ruhig zu verhalten. Sich den Zuhörerinnen und Zuhörer verständlich zu machen, das ist das Bestreben der einzelnen Redner.

Fehlt ein hinweisendes Nomen/Substantiv oder ein anderes hinweisendes Wort kannst du dich entscheiden, ob du ein Komma setzt oder nicht. Du solltest es setzen, wenn ein Satz missverständlich sein kann.

Die Abgeordneten beschlossen, nicht sofort abzustimmen.
Die Abgeordneten beschlossen nicht, sofort abzustimmen.

Unterstreiche die Infinitivgruppen und rahme die Einleitewörter bzw. die hinweisenden Wörter ein.

Eine Sitzungswoche im Bundestag (Montag bis Mittwoch)

Sitzungswochen im Bundestag folgen einem stets gleichen Grundmuster. Dies ermöglicht es den Abgeordneten, die Vielzahl ihrer Aufgaben und Verpflichtungen effizient zu organisieren.

Montag: Fraktionsvorstand

Der Abgeordnete Hans-Christian Ströbele beginnt seinen Arbeitstag damit, Anträge zu lesen, Briefe und Mails zu beantworten und sich mit seinen Mitarbeiterinnen und Mitarbeitern zu besprechen. Als stellvertretender Vorsitzender der Fraktion Bündnis 90/Die Grünen kann er seinen Tag nicht beenden, ohne an der Sitzung des Fraktionsvorstandes teilzunehmen. Danach fährt er aber meistens noch einmal ins Büro, um die angefallene Post zu bearbeiten.

Dienstag: Arbeitsgruppen und Fraktionssitzung

Wichtigster und oft längster Termin am Dienstag ist für alle Abgeordneten die jeweilige Fraktionssitzung am Nachmittag. Bei der Fraktion Die Linke hat man sich von Anfang an entschlossen diese öffentlich zu machen, anstatt hinter verschlossenen Türen zu tagen. In der Regel gehört es auch dazu, vor der Fraktionssitzung eine Pressekonferenz zu halten. Da geht es darum, von den Vorhaben der Fraktion in dieser Woche zu berichten.

Mittwoch: Ausschusssitzungen

Nach einigen Absprachen im Büro geht der Abgeordnete Josef Göppel von der CSU in den Ausschuss für Umwelt, Naturschutz und Reaktorsicherheit. Als Obmann der CDU/CSU-Fraktion ist er dafür zuständig, sich darüber zu informieren, was hier an jedem Mittwochmorgen diskutiert und beraten wird.

Die Sitzung, die 23 Tagungsordnungspunkte umfasst, ist ohne Ausdauer kaum zu bewältigen. Es geht z.B. darum, einen Antrag zu verfassen, der Menschen vor Emissionen aus Laserdruckern, Laserfax- und Kopiergeräten schützen kann.

 7 Setze die fehlenden Kommas.

Eine Sitzungswoche im Bundestag (Donnerstag und Freitag)

Donnerstag: Plenarsitzung

Die SPD-Abgeordnete Mechthild Rawert hat sich darauf vorbereitet eine zehnminütige Rede über Ernährung und Bewegung zu halten. Um 10.09 Uhr wird sie aufgerufen ans Rednerpult zu treten. Sie redet davon dringend ein Präventionsgesetz zu verabschieden und so etwas gegen den Bewegungsmangel zu tun. Sie redet von Kindern, die nicht für ihr Übergewicht verantwortlich gemacht werden können und von der Verantwortung der Gesellschaft Bewegung wieder mehr ins alltägliche Leben zu integrieren. Sie spricht sich für die Kennzeichnung von Lebensmitteln aus um den Verbrauchern zu verdeutlichen, welche gesund oder weniger gesund sind. Um 11.50 Uhr ist die Debatte zum Thema Ernährung beendet, am Nachmittag wird sie noch eine zweite Rede zum Walfang halten.

Freitag: Plenarsitzung

Die FDP-Abgeordnete Sibylle Laurischk ist Schriftführerin im Präsidium des Bundestages. Im letzten Tagesordnungspunkt der stattfindenden Debatte geht es um die Finanzierung des geplanten Ausbaus der Kinderkrippen. Als dreifache alleinerziehende Mutter und Mitglied im Ausschuss für Familie, Senioren, Frauen und Jugend hätte sie sich gern in diese Debatte eingemischt. Als Schriftführerin ist es der Abgeordneten aber verwehrt selbst zu reden. Neben der

Plenarsitzung ist der Tag durch Büroarbeit sowie Gespräche mit Kolleginnen und Kollegen geprägt.

Das Komma bei Partizipgruppen

Partizipgruppen können durch Komma vom übrigen Satz abgegrenzt werden. Du musst das Komma setzen, wenn die Partizipgruppe ein Nachtrag ist oder zwischen Subjekt und Prädikat eingeschoben wird.

Der Bundespräsident ist das Staatsoberhaupt, von der Bundesversammlung für fünf Jahre gewählt.
Die Bundeskanzlerin, gewählt vom Bundestag, leitet die Bundesregierung.

Enthält der übergeordnete Satz ein ankündigendes oder rückverweisendes Wort, so setzt du ebenfalls das Komma.

So, bestehend aus den Mitgliedern des Bundestages und der gleichen Anzahl an Ländervertretern, kommt die Bundesversammlung zur Wahl des Bundespräsidenten alle fünf Jahre zusammen.
Bestehend aus den Mitgliedern des Bundestages und der gleichen Anzahl an Ländervertretern, so kommt alle fünf Jahre die Bundesversammlung zusammen.

Einige Wortgruppen lassen sich durch seiend oder habend ergänzen. Entsprechend den oben aufgeführten Regeln musst du auch hier das Komma setzen.

Er verkündete das Wahlergebnis, außer sich vor Freude (seiend).
Ein Lächeln auf dem Gesicht (habend), so nahm sie die Wahl an.

8 Füge die fehlenden Kommas ein. Setze sie in Klammern, wenn die Kommasetzung freigestellt ist.

Parlamentarische Begriffe

- Die <u>Parteien</u> gebildet aus Vereinigungen von Bürgern nehmen Einfluss auf die politische Willensbildung. Sie können entsprechend der demokratischen Grundordnung frei gegründet werden.

- Die <u>Abgeordneten</u> des Bundestages gewählt in allgemeiner, unmittelbarer, freier, gleicher und geheimer Wahl sind Vertreter des ganzen Volkes. An

Aufträge und Weisungen nicht gebunden sind sie nur ihrem Gewissen unterworfen.

- Der <u>Ältestenrat</u> bestehend aus dem Bundestagspräsidenten, seinen Stellvertretern, 23 Parlamentariern und einem Vertreter der Bundesregierung unterstützt den Präsidenten bei der Führung der Geschäfte. Der Ältestenrat legt auch für längere Zeit vorausschauend die Termine der Plenarwochen fest.

- Die Debatten und Beschlüsse im Bundestag vorbereitend tagen <u>Fachausschüsse</u>. Jeder Ausschuss kann weitere Unterausschüsse einsetzen. So einberufen zur Beratung eines bestimmten Gesetzentwurfes oder eines besonderen Problems bereiten sie die Arbeit im Hauptausschuss vor.

- Der <u>Bundesrat</u> bestehend aus Vertretern der Landesregierungen hat 69 Mitglieder. Ausgestattet mit nach der Einwohnerzahl festgelegten Stimmen so können die Länder bei der Gesetzgebung des Bundes mitwirken.

- Der <u>Vermittlungsausschuss</u> ein zwischen Bundestag und Bundesrat fungierendes Gremium besteht aus 16 Mitgliedern des Bundestages und ebenso vielen des Bundesrates. Seine Aufgabe besteht darin, eine Einigung zwischen Bundestag und Bundesrat zu finden, wenn vom Bundestag beschlossene Gesetze im Bundesrat keine Mehrheit finden.

Zitieren

Grundsätzliches

Wenn du fremde Gedanken oder Textpassagen für deine eigene Arbeit übernimmst, müssen diese kenntlich gemacht werden. Die wörtliche Übernahme nennt man zitieren.
Anfang und Ende eines Zitates gehören in Anführungszeichen.
Enthält der zitierte Text selbst schon Anführungszeichen, setzt du diese in einfache Anführungsstriche.

„Vor Gott sind eigentlich alle Menschen Berliner." (Theodor Fontane)
„Alle freien Menschen, wo immer sie leben mögen, sind Bürger dieser Stadt West-Berlin, und deshalb bin ich als freier Mann stolz darauf, sagen zu können: ‚Ich bin ein Berliner!' " (John F. Kennedy)

Wenn du übernommene Aussagen nur in Teilen in einen eigenen Satz einbaust und das Zitat am Ende steht, folgt der Schlusspunkt nach den Anführungszeichen (und gegebenenfalls nach der Klammer mit der Quellenangabe, siehe unten).

Der deutsche Kabarettist Wolfgang Neuß sieht in Berlin „ein fruchtbares Gelände für sumpfige Typen".

Eingriffe in Zitate

Grundsätzlich gilt, dass Zitate originalgetreu übernommen werden müssen. Also auch Rechtschreibfehler, veraltete Schreibweisen oder andere Besonderheiten musst zu zitieren.
Wenn du Auslassungen vornimmst, machst du diese durch eckige Klammern und drei Auslassungspunkte [...] kenntlich.

„Seh'n Sie, in der ganzen Welt geht der Mensch ins Theater, um seine Freude zu haben. Nur der Berliner geht ins Theater, um diese Freude nicht zu haben [...] Deshalb setzt er sich ins Parkett nicht als ein dankbarer Zuschauer, sondern wie ein Sonntagsschütze, der sich in eine Sandkuhle legt, um einen armen Hasen abzumorden. Der Hase aber, auf den er wartet, das ist der Fehler." (Theodor Döring/Schauspieler in Berlin Mitte des 19. Jahrhunderts)

Wenn du ein Zitat in deinen eigenen Text einbaust, ist es manchmal notwendig, die grammatischen Endungen anzupassen oder ein Wort hinzuzufügen. Auch diese Eingriffe müssen durch eckige Klammern gekennzeichnet werden.

W. Muschg bezeichnet „Berlin Alexanderplatz" von Alfred Döblin als „erste[n] und einzig bedeutende[n] Großstadtroman der deutschen Literatur".

Quellenangabe

In der Regel folgt unmittelbar nach dem Zitat die Quellenangabe in runden Klammern.
Hier nennst du Autor, Titel, das Erscheinungsjahr und die Seitenzahl.

In einem Aufsatz, den du z. B. im Fach Deutsch schreibst, gibst du bei mehrseitigen Textvorlagen Seitenzahl und Zeile (S. 3, Z. 12) an, bei einseitigen Texten genügt die Zeilenangabe (Z. 8).
Bei Gedichten gibst du Strophe und Verszeile an (Str. 2, V. 3).
Bei dramatischen Texten nennst du außer der Seiten- und Versangabe auch Akt und Szene (Akt IV, 2. Sz., S. 98, V. 12).

9 Füge die folgenden Äußerungen – ganz oder teilweise – als wörtliche Zitate in den anschließenden Text über die Berliner Mauer ein. Achte auf die korrekte Zeichensetzung und einen sprachlich richtigen Anschluss.

- „Niemand hat die Absicht, eine Mauer zu errichten." (Walter Ulbricht)

- „Der Senat von Berlin erhebt vor aller Welt Anklage gegen die widerrechtlichen und unmenschlichen Maßnahmen der Spalter Deutschlands, der Bedrücker Ostberlins und der Bedroher Westberlins." (Willy Brandt)

- „Ich bin ein Berliner." (John F. Kennedy)

- „Herr Gorbatschow, reißen Sie die Mauer ein." (Ronald Reagan)

- „Die Mauer wird in fünfzig und auch in hundert Jahren noch bestehen bleiben." (Erich Honecker)

- „Privatreisen nach dem Ausland können ohne Vorliegen von Voraussetzungen – Reiseanlässe und Verwandtschaftsverhältnisse – beantragt werden." (Verlautbarung des Politbüros der DDR)

- „Das trifft nach meiner Kenntnis ... ist das sofort, unverzüglich." (Günter Schabowski)

Kleine Geschichte der Berliner Mauer

hatte der damalige DDR-Staatsratsvorsitzende Walter Ulbricht noch am 15. Juni 1961 erklärt. Doch in den frühen Morgenstunden des 13. Augusts wurden Absperrungen errichtet und Verkehrswege zwischen Ost- und Westberlin unterbrochen. In den darauffolgenden Tagen errichteten Ostberliner Bauarbeiter unter scharfer Bewachung der DDR-Grenzposten eine feste Mauer aus großen Steinen. Dabei wurden auch Eingänge und Stockwerke zugemauert. Von einem Tag auf den anderen wurden Straßen, Plätze und Häuser voneinander getrennt, die S- und U-Bahn-Verbindungen unterbunden. Am Abend des 13. Augusts erhob der Regierende Bürgermeister von Westberlin Willy Brandt Anklage _____

_____

In der Folgezeit wurden Sperranlagen weiter ausgebaut. Weit über 100.000 Bürger der DDR versuchten über die innerdeutsche Grenze oder über die Berliner Mauer zu fliehen. Mehrere Hundert von ihnen wurden von Grenzsoldaten der DDR erschossen oder starben bei Fluchtversuchen.
Zahlreiche ausländische Regierungschefs und Staatsoberhäupter der westlichen Welt kamen in den darauf folgenden Jahren immer wieder nach Westberlin, um ihre Verbundenheit zu betonen. Berühmt sind die Worte des früheren US-Präsidenten John F. Kennedy, der in seiner Rede an der Mauer seiner Solidarität durch den Ausspruch _____
Ausdruck verlieh. Konkreter war später sein Nachfolger Ronald Reagan, der 1987 den damaligen sowjetischen Partei- und Regierungschef Gorbatschow persönlich ansprach mit der Aufforderung _____

Unbeirrt aber hielt die DDR-Führung an der Grenzbefestigung fest und noch am 19. Januar 1989 verkündete der Staatsratsvorsitzende Erich Honecker, dass _____

_____

Im Laufe des Jahres wurde der Druck der Bevölkerung auf die DDR-Führung allerdings immer größer, sodass diese zu Zugeständnissen bereit war. Am Abend des 9. November 1989 hielt Günter Schabowski (Mitglied des Politbüros der DDR) in Ostberlin eine Pressekonferenz vor Journalisten aus aller Welt, die vom Fernsehen der DDR live übertragen wurde. Er las stockend eine Erklärung vor, nach der _____

_____

_____

_____

Als Schabowski gefragt wurde, wann dies in Kraft trete, antwortete er zögerlich mit _____

_____

Gegen 20.30 Uhr trafen daraufhin erste DDR-Bürger an der Grenze in Ostberlin ein und um circa 22.30 Uhr öffnete der erste Grenzübergang, sodass zehntausende DDR-Bürger in dieser Nacht erstmals seit dem Bau der Mauer den Westteil der Stadt frei betreten konnten.

Teste dein Wissen 9

GETESTET

1 Füge in den folgenden Text die fehlenden Satzzeichen ein.

Geschichtsort Olympiagelände in Berlin

Das Olympiastadion wurde von 1934 bis 1936 anlässlich der Olympischen Sommerspiele nach den Plänen des Architekten Werner March erbaut und stellt baulich den Mittelpunkt des sogenannten „Reichsportfeldes" dar. Es bot Platz für 100.000 Zuschauer was es zum damaligen Zeitpunkt zu einem der größten Stadien der Welt machte. Es ist ein Beispiel für die Monumentalarchitektur des NS-Regimes. Obwohl es in den Jahren 2000 bis 2004 grundlegend modernisiert wurde ist es noch immer ein herausragendes Geschichtszeugnis das der Münchener Kunsthistoriker Norbert Huse als eines der unbequeme[n] Denkmale bezeichnet hat weil es immer wieder an die Epoche des Nationalsozialismus erinnert.

Das Stadion besaß einen zweigeschossigen Umgang der dafür sorgte dass die Zuschauer es nicht nur außen sondern auch im Inneren fast vollständig umrunden konnten. Nur an einer Stelle war dieser Umgang unterbrochen nämlich genau gegenüber dem Hauptzugang. Dort öffnete sich das Marathontor den Blick auf den Glockenturm freigebend. Die Architektur sollte bewusst

Das Luftschiff Hindenburg mit Hakenkreuz und Olympiaflagge über dem Olympiastadion 1936, am Tag der Eröffnung

an antike Stadien erinnern was auch in der weiteren Anlage deutlich wird denn neben dem Stadion entstand z. B. die wie ein Amphitheater gestaltete Waldbühne in der die olympischen Turnwettbewerbe ausgetragen wurden. Heutzutage finden hier mitten im Grünen liegend Konzerte statt. Doch nicht nur weitere Sportstätten wie etwa ein Sommerschwimmbecken oder das Reitstadion gehörten zur Anlage sondern auch das sogenannte Maifeld angelegt als Gelände für Propagandaveranstaltungen. An dessen Rand befand sich der Glockenturm der die Olympiaglocke mit der Aufschrift Ich rufe die Jugend der Welt – Olympische Spiele 1936 beherbergte. Im Tribünengebäude unter dem Glockenturm gibt es die Möglichkeit eine Ausstellung zu besuchen in der man die wechselvolle Geschichte des Olympiageländes kennenlernt und wem das nicht reicht der kann außerdem einem Geschichtspfad mit 45 Tafeln in Deutsch und Englisch folgen um an Ort und Stelle über die Entstehung und Entwicklung des „Reichsportfeldes" informiert zu werden. So das Gelände erkundend erhält man auch ein Gefühl von der beeindruckenden Größe der Anlage.

Das Olympiastadion selbst übrigens das größte Stadion Deutschlands steht für Veranstaltungen vielerlei Art zur Verfügung kann aber auch an veranstaltungsfreien Tagen besichtigt werden. Es ist das Heimstadion des Bundesligaclubs Hertha BSC weshalb die 400-Meter-Tartanbahn in den Vereinsfarben blau und weiß eingefärbt ist. Es finden dort aber nicht nur Sportveranstaltungen wie Fußballspiele und Leichtathletikwettkämpfe sondern auch Konzerte statt.

Haltestelle

Zeichensetzung

1 Voranstellungen, Einschübe und nachgestellte Erläuterungen trennst du mit einem Komma vom übrigen Satz ab.
Ist doch klar, Berlin, die Bundeshauptstadt, sollte man auf jeden Fall einmal besucht haben.

2 Aufzählungen werden durch Kommas voneinander getrennt.
Sind diese allerdings durch nebenordnende Konjunktionen wie und, oder, sowie, entweder …oder, sowohl … als auch, weder … noch, beziehungsweise verbunden, setzt du kein Komma.

Das Brandenburger Tor, der Reichstag mit der neuen Glaskuppel, der Alexanderplatz <u>und</u> die Gedächtniskirche sind wohl die bekanntesten Orte in Berlin.
Man kann sowohl alte als auch hochmoderne Architektur besichtigen.

3 Vor entgegensetzenden und einschränkenden Konjunktionen wie aber, sondern, nicht nur … sondern auch, einerseits … andererseits, teils … teils musst du ein Komma setzen.

Berlin ist ein Sinnbild nicht nur für positive, sondern auch für negative Ereignisse in der deutschen Geschichte.

4 Haupt- und Nebensätze trennst du mit einem Komma voneinander.
Wenn mehrere Nebensätze in einem komplexen Satzgefüge auftreten, werden auch diese mit einem Komma voneinander getrennt.

Berlin wird als „Schnittstelle Europas" bezeichnet, weil hier das Zusammenwachsen von Ost und West (NS 1), das nach der Wiedervereinigung in Gang gesetzt wurde (NS 2), am deutlichsten sichtbar wird.

5 Infinitivgruppen musst du durch ein Komma vom übrigen Satz abtrennen, wenn sie sich auf ein Nomen/Substantiv im übergeordneten Satz beziehen. Auch wenn im übergeordneten Satz auf die Infinitivgruppe hin- oder rückverwiesen wird, setzt du ein Komma.
Die Infinitivgruppe musst du außerdem auch dann mit einem Komma abtrennen, wenn sie mit um, ohne, statt, anstatt oder außer eingeleitet wird.

Die Buslinien Berlins bieten eine gute Möglichkeit, die Stadt zu erkunden. Es ist schon legendär, Berlin mit der Buslinie 100 zu erkunden, die vom Bahnhof Zoo bis zum Alexanderplatz fährt.

Um den Ostteil der Stadt kennenzulernen, lohnt sich eine Tram-Rundfahrt mit der Linie 1, die vom Bahnhof Friedrichshain bis Penzlauer Berg fährt.

6 Partizipgruppen müssen mit einem Komma vom übrigen Satz abgetrennt werden, wenn die Partizipgruppe ein Nachtrag ist oder zwischen Subjekt und Prädikat eingeschoben wird.

Der Potsdamer Platz, Berlins neu entstandenes Zentrum, ist ein Beispiel für hochmoderne Architektur, entstanden in den 1990er-Jahren.

7 Zitate werden in Anführungszeichen gesetzt. Du musst sie originalgetreu wiedergeben. Änderungen wie Zusätze oder Auslassungen musst du mit eckigen Klammern kennzeichnen [...].

Der ehemalige Bundespräsident Richard von Weizsäcker hat einmal über Berlin gesagt: „Unter [den Städten Deutschlands] ist Berlin weder die älteste noch die schönste. Unerreicht aber ist seine Lebendigkeit."

Bewerbungstraining

Fit für den Einstellungstest

Viele Firmen wünschen sich von ihren Bewerbern und Bewerberinnen eine korrekte Rechtschreibung. Deshalb testen sie diese Fähigkeit zum Beispiel mit absichtlich fehlerhaften Wörterlisten oder Sätzen. In den folgenden Übungen lernst du einige Arten von Testaufgaben kennen.

1 In diesem Text befinden sich 40 Fehler. Streiche sie an und schreibe die richtige Form an den Rand.

Das macht nicht jeder

Die meißten Schulabgänger entscheiden sich immer noch für eine handvoll Berufe. Die folgenden Berufe kennt kaum jemand, sie bitten aber gute Schancen.

Hafenlogistiker

In Hamburg, Wilhelmshaven oder Rostok sind die meisten Fachkräfte für Hafenlogistik Zuhause. Es gibt aber auch Jobs in den knapp 20 deutschen Binnenhäfen. Hafenlogistiker/innen kontrollieren ein- und ausgehende Ladungen, planen den Weitertranssport der Güter oder lagern sie sachgerecht ein. Sie brauchen Organisationstalend und gute Fremdsprachenkenntnisse für die Arbeit. Die dreijährige Ausbildung erfolkt in Betrieben der Hafenwirdschaft.

Kauffrau/Kaufmann im Gesundheitswesen

Krankenhäuser, Pflege- und Altenheime oder auch Krankenkassen gehöhren zu den Einsatzgebieten und Ausbildungsstädten für Kauffrauen und Kaufmänner im Gesundheitswesen. Diese Einrichtungen stehen heute immer Meer im Wettbewerb. Um ausreichend Patienten beziehungsweise Kunden zugewinnen, müssen spezielle Angebote endwickelt werden: zum Beispiel moderne Operationsmetoden oder zusätzliche Leistungen wie Akupungtur oder Psychotherapie. Kaufleute im Gesundheitswesen erarbeiten daher neue, kundenorientirte Massnahmen und kalkulieren die Kosten da für. Sie rechnen die Leistungen mit den Kunden oder Krankenkassen ab und erledigen die Buchfürung. Die Ausbildungsdauer betregt drei Jahre.

Orthopädiemechaniker/in oder Bandagist/in

Ortopädiemechaniker/innen fertigen Prothesen, Bandagen, Stützkorsets und Rollstühle nach Maß an, wahrten und reparieren sie. Da es inzwischen auch elektronish gesteuerte Prothesen gibt, müssen sie sich auch mit Elektronick, Pneumatik und Hüdraulik auskennen. Sie lernen diesen Beruf innerhalb von dreieinhalb Jahren in Betrieben, die orthopädietechnische Hilfsmittel heerstellen oder in Sanitätshäusern mit an gegliederten Werkstätten.

Pharmakant/in

Diese Fachkräfte wiegen und dossieren die Stoffe, aus denen Medikamente prodoziert werden. An Vertigungsanlagen stellen sie Tabletten, Salben, Chremes, Säfte und andere Arzneimittel her. Weitere Aufgaben sind das hygienische verpacken und lagern der Produkte. Man erlernt diesen Beruf in einer drei ein Halb jährigen Ausbildung in der Farmaindustrie.

2 Getrennt oder zusammen? Groß oder klein? Nur eine Variante ist richtig. Kreuze sie an.

1. a) Die e-Mail kam heute morgen. ☐
   b) Die e-Mail kam heute Morgen. ☐
   c) Die E-Mail kam heute morgen. ☐
   d) Die E-Mail kam heute Morgen. ☐

2. a) Die Zahl der Berufs tätigen Mütter steigt. ☐
   b) Die Zahl der Berufstätigen Mütter steigt. ☐
   c) Die Zahl der berufs tätigen Mütter steigt. ☐
   d) Die Zahl der berufstätigen Mütter steigt. ☐

3. a) Im großen und ganzen halte ich das für eine nichtssagende Rede. ☐
   b) Im Großen und Ganzen halte ich das für eine nichtssagende Rede. ☐
   c) Im großen und ganzen halte ich das für eine nichts sagende Rede. ☐
   d) Im Großen und Ganzen halte ich das für eine nichts sagende Rede. ☐

4. a) Wir können nicht ausschließen, dass sich der Verein auflöst. ☐
   b) Wir können nicht aus schließen, dass sich der Verein auf löst. ☐
   c) Wir können nicht ausschließen, dass sich der Verein auf löst. ☐
   d) Wir können nicht aus schließen, dass sich der Verein auflöst. ☐

5. a) Wenn ich Rad fahre, kann ich die Gegend besser auskundschaften. ☐

   b) Wenn ich radfahre, kann ich die Gegend besser auskundschaften. ☐

   c) Wenn ich Rad fahre, kann ich die Gegend besser aus kundschaften. ☐

   d) Wenn ich radfahre, kann ich die Gegend besser aus kundschaften. ☐

3 Verbinde die Fremdwörter links mit der passenden Worterklärung rechts. Ergänze außerdem den Artikel.

_____ **Appell**	_____ Wirtschaftslage
_____ Konjunktur	_____ Behandlung
_____ Grafik	_____ Aufforderung
_____ Therapie	_____ Wesen
_____ Charakter	_____ Zeichnung

4 Wo fehlen Kommas? Füge sie ein.

- Was tun wenn die Berufswahl schwerfällt?
- Nimm die Schulpraktika ernst denn die Erfahrungen die du dort sammeln kannst sind wichtig.
- Auch Ferienjobs die Teilnahme an Jugendfreizeiten sowie Sprachkurse im Ausland können dir bei der Entscheidungsfindung helfen.
- Ebenso hilfreich ist ein Besuch im BIZ dem Berufsinformationszentrum der Arbeitsagentur.
- Hier gibt es Informationsbroschüren zu allen Ausbildungsberufen und Berufsberater die deine Fragen beantworten.
- Es lohnt sich auch Menschen in der eigenen Umgebung Fragen zu ihrem Beruf zu stellen.
- Geh also zum Frisör um die Ecke zum Nachbarn mit der Versicherungsagentur oder der Cousine mit dem Maschinenbaustudium.
- Im Internetportal www.berufe-universum.de von der Bundesagentur für Arbeit kannst du außerdem einen kostenlosen Test machen der dir Klarheit über deine Interessen verschafft.
- Klarheit verschafft dir sicher auch ein Besuch der Informationsnachmittage in den umliegenden Berufskollegs wo du dir einen Überblick über die dort angebotenen Bildungsgänge verschaffen kannst.

Textquellenverzeichnis

S. 14 (Lösung S. 3): Wörterbuchauszug. Aus: Duden, Die deutsche Rechtschreibung. 24. Aufl., Bd. 1, Dudenverlag: Mannheim (u.a.) 2006, S. 430

Bildnachweis

S. 9, S. 66: © picture-alliance/dpa; **S. 11:** © Kingfisher Publications Plc; **S. 16:** The Hutchison Library; **S. 26:** © Daniel Koelsche/photoplexus; **S. 37:** John A Beal, PhD. Dep't. of Cellular Biology & Anatomy, Louisiana State University Health S; **S. 41:** TONY STONE/Penny Gentieu; **S. 46:** TSM/© 94 Ronnie Kaufman; **S. 51:** © Helmut Wegmann/ PIXELIO; **S. 56:** ullstein bild – Granger Collection; **S. 59:** © picture-alliance/Sander; **S. 64:** ullstein bild – united archives; **S. 75:** Meg Rosoff, Was wäre wenn © Carlsen Verlag GmbH, Hamburg 2007; **S. 77:** Willy Jaeckel: Gretchen als Büßerin, 1925; aus: Wolfgang Wegner: Die Faustdarstellung vom 16. Jh. bis zur Gegenwart. Amsterdam: Verlag der Erasmus-Buchhandlung, 1962, S. 108; **S. 86:** Marie-Ande Murail, Simpel, Fischer-Schatzinsel; **S. 107:** © Mike May; **S. 110:** © medicalpicture; **S. 128, S. 136:** Günter Schlottmann/Verlagsarchiv Schöningh; **S. 140, S. 145:** dpa; **S. 143:** © BILDER-BERG/Wolfgang Volz; **S. 149:** © ZB-Fotoreport/Peer Grimm; **S. 154:** ullstein bild – dpa; alle weiteren: Verlagsarchiv Schöningh

Lösungen

Tipps zur Rechtschreibung

S. 9, Ü 1:   **Übers Wasser: Die Brooklyn-Bridge**

Die Brooklyn Bridge, die 1883 eingeweiht wurde, verbindet die beiden Stadtteile Brooklyn und Manhattan miteinander. Der Bau dieser wunderschönen <u>Brücke</u> (**4**) ist eng mit einem tragischen Familienschicksal verknüpft.

Die Baupläne fertigte der <u>technikbegeisterte</u> (**4**) Architekt John August Roebling, der 1831 seine kleine Heimatstadt Mühlhausen in Thüringen <u>verlassen</u> (**1 u. 5**) hatte, um sich ein neues Leben in Amerika aufzubauen. Bis es ihm jedoch gelang, beruflich <u>Fuß</u> (**1 u. 5**) zu fassen, und sich einen Namen als Brückenbauer zu machen, vergingen harte Jahre <u>voller</u> (**1 u. 5**) Entbehrungen.

Als Roebling im kalten Winter 1857 mit seinem 15-jährigen Sohn auf einem Schiff auf dem East River festsaß, weil starke Strömung und Eisschollen die <u>Überfahrt</u> (**3**) zwischen Brooklyn und Manhattan behinderten, reifte in ihm die Idee, beide Stadtteile über eine Hängebrücke zu verbinden. Doch der New Yorker <u>Stadtrat</u> (**2**) wehrte sich lange gegen dieses Projekt. Zwölf Jahre kämpfte Roebling für seinen <u>Traum</u> (**1**), bis die Bauarbeiten 1869 <u>endlich</u> (**2**) beginnen konnten. Doch bereits einige Wochen später, verletzte er sich bei den <u>Vermessungsarbeiten</u> (**4**) für das Fundament. Sein rechter Fuß wurde <u>nämlich</u> (**5**) von einer Fähre eingeklemmt und <u>musste</u> (**1 u. 5**) amputiert werden. Die Wunde entzündete sich und Roebling <u>starb</u> (**2**) drei Wochen später am Wundstarrkrampf. Nun <u>übernahm</u> (**3**) sein Sohn Washington Roebling die Bauleitung. Doch auch er verletzte sich drei Jahre später während der Bauarbeiten so schwer, <u>dass</u> (**5**) er von der Hüfte abwärts gelähmt <u>blieb</u> (**2**) und die Bauarbeiten nur noch vom Fenster seiner Wohnung aus verfolgen konnte. Seine Frau Emily wurde nun die Vermittlerin zwischen Baustelle und Wohnung und übernahm die Funktion der stellvertretenden Bauleiterin. Um die Bauarbeiten <u>fachgerecht</u> (**4**) betreuen zu können und ihrem Mann ein realistisches Bild von den <u>Arbeiten</u> (**4**) zu geben, studierte sie parallel Mathematik und Ingenieurswissenschaften. Nach einer Bauzeit von 13 Jahren wurde die <u>Brücke</u> (**1**) feierlich eingeweiht. Die New Yorker allerdings <u>wagten</u> (**2**) den Gang über die Brücke erst, als der <u>Zirkus</u> (**4**) Barnum mit 21 Elefanten über die Brücke ging und damit ihre Tragfähigkeit <u>bewies</u> (**2**).

S. 10, Ü 2: **Tief ins Meer: Der Eurotunnel**

Der Eurotunnel verbindet Frankreich und England, genauer gesagt Folkstone und Calais auf eine besondere Weise miteinander, **nämlich (5)** 40 Meter unter dem Meeresboden des Ärmelkanals. Damit ist er der **längste (2)** Unterwassertunnel der Welt.

Bereits Mitte des 18. Jahrhunderts **gab (2)** es die ersten Vorschläge, England und Frankreich zu verbinden. Realisiert wurde dieses **Großprojekt (1)** jedoch erst sehr viel später. 1987 begannen die **aufwändigen (3)** Arbeiten für dieses Großprojekt.

Die Arbeiter fingen sowohl von der **englischen (4)** als auch von der **französischen (4) Seite (4)** aus an, den Tunnel zu bauen. Um sowohl Arbeiter als auch Material an den **Tunnelkopf (1 u. 5)** zu bringen und den Abraum hinauszubefördern, wurden Tunnelbohrmaschinen konstruiert. Diese waren mit einem rotierenden Bohrkopf mit **Stahlzähnen (3)** ausgestattet, die sich durch die fast wasserdichte Kalkschicht unter dem Meer fressen konnte, sie **räumten (3)** den Schutt über Förderbänder weg, bauten die Betonfertigteile ein und **verlegten (2)** auch die Schienen. Rund um die Uhr arbeiteten an diesen Maschinen bis zu 50 Tunnelbauer, die zu den Meistern ihres **Handwerks (4)** zählten. An **Land (2)** unterstützten die Ingenieure mithilfe computergesteuerter Laserstrahlen den Bau unter Wasser. Dabei waren die Computerberechnungen so exakt, dass die Tunnelenden nur zwei **Zentimeter (4)** voneinander abwichen, als Franzosen und Engländer am 1. Dezember 1990 aufeinander **stießen (1)** und den Durchbruch **schafften (1 u. 5).**

Vier Jahre später dann, nämlich 1994, rollten die ersten **Züge (4)** durch den Tunnel: In 35 Minuten geht es nun unter dem Meer von Calais nach Folkstone und wieder zurück.

S. 12, Ü 3: **Hoch in den Himmel: Der Burj Dubai**

Mit über 800 **Metern (4)** und mehr als 160 Stockwerken ist der Burj Dubai, der in Dubai steht, dass höchste Gebäude der Welt.

Wenn das **Wetter (1 u. 5)** gut ist, kann man seine Spitze aus einer Entfernung von **rund (2)** 100 Kilometern sehen. Statiker haben alle möglichen Naturkatastrophen am Computer simuliert, um herauszufinden, ob ein so hoher Turm auch sicher ist. Berechnet wurde beispielsweise, wie er **heftige (3)** Stürme aushält. Ungefähr drei Meter wird der **obere (4)** Teil hin- und herschwanken, sonst passiert aber nichts.

Fünf Jahre hat es gedauert, um dieses **imposante (1)** Gebäude fertigzustellen. Um die **Bauphase (4)** möglichst kurz zu gestalten, wurde im Dreischichtbetrieb gearbeitet. Ungefähr 2 400 Personen arbeiteten ständig auf der Baustelle, die während der Nachtschicht das **ganze (5)** Viertel hell erleuchtete. Bevor in die Höhe gebaut werden **konnte (1 u. 5),** ging es erst einmal bis zu 50 Metern in die Tiefe. 850 dicke Betonpfeiler **verankern (4)** den Turm in der Erde.

Darüber wurde eine **massive (1 u. 5)** Platte aus Stahlbeton gegossen. Dann erst konnte das Gebäude Stockwerk um Stockwerk wachsen. 54 Aufzüge werden die Stockwerke miteinander verbinden, der **schnellste (1 u. 5)** von ihnen erreicht eine Höchstgeschwindigkeit von 65 km/h. Die Nutzfläche von über 4 000 000 m² **wird (2)** für noble Apartments, **riesengroße (4) Büroräume (3)**, für ein Luxushotel und mehrere Restaurants gebraucht. Jede Menge Freizeitangebote für Jung und Alt wird es auch geben: Geplant sind mehrere Swimmingpools, eine **Eislaufbahn (2)** und ein riesiges Aquarium, **das (5)** sich über mehrere Etagen erstreckt.

Mit dem Wörterbuch arbeiten

S. 13, Ü 1: Dach, Dachboden, Dachfonds, Dachgarten, Dachgesellschaft, Dachkonstruktion, Dachorganisation, Dachpappe, Dachs, Dachschaden

S. 13, Ü 2:
die Bälle	der Ball
besser	gut
sie tanzt	tanzen
glücklicher	glücklich
die Riten	der Ritus
höher	hoch
er taucht	tauchen
es scheppert	scheppern
die Dogmen	das Dogma

S. 14, Ü 3: Galerie, Gallseife, Galeere, Galgenfrist, Galicien, Galvani, galoppieren, Gallium, Galgantwurzel

S. 15, Ü 4:

Nomen/ Substantiv	Silben- trennung	Genus	Plural- form	Bedeutung
Galosche	Ga-lo-sche	Femini-num	Galo-schen	*veraltend für* Überschuh, *umgangssprachlich für* ausgetretener Schuh
Corvey	Cor-vey	–	–	ehemalige Benediktiner-abtei bei Höxter
Abonnement	Abon-ne-ment	Neutrum	Abonne-ments	Dauerbezug von Zeitungen u. Ä.

Hippiatrik	Hip-pi-at-rik	Femini-num	–	Pferdeheil-kunde
Kladozere	Kla-do-zere	Femini-num	Kladoze-ren	Wasserfloh
Pendolino	Pen-do-li-no	Maskuli-num	Pendoli-nos	Hochgeschwin-digkeitszug mit besonderer Neigetechnik
Tramp	–	Maskuli-num	Tramps	Land-streicher
Zivilisation	Zi-vi-li-sa-tion	Femini-num	Zivilisa-tionen	durch Fortschritt von Wissenschaft und Technik ver-besserte soziale und materielle Le-bensbedingungen
Galsworthy	Gals-wor-thy	Maskuli-num	–	englischer Schrift-steller
Über-spannung	Über-span-nung	Femini-num	–	zu hohe Spannung in einer elek-trischen Anlage
Solist	So-list	Maskuli-num	Solisten	Einzelsänger, -spieler
Betatest	Be-ta-test	Maskuli-num	Betatests	EDV-Test der Betaversion eines Softwarepro-duktes
Dogma	Dog-ma	Neutrum	Dogmen	Kirchenlehre, Lehrmeinung
Ramskopf	Rams-kopf	Maskuli-num	–	Pferdekopf mit stark gekrümmtem Nasenrücken

Teste dein Wissen 1

S. 16, Ü 1: **Antoni Gaudí**

älteste, S.
Künste, S.
sesshaft, S.

Architektur, S.
Identität, S.
Visionen, S.
weltweit, S.
Rheuma-Erkrankung, S.
herumzutoben, S.
Barcelona, S.
kreativer, S.
hervorragender, S.
Kommilitone, S.
zeitgenössischen, S.
Konstruktionen, S.
charakteristische, S.
fließend, S.
geprägt, S.
gesamte, S.

Seitenzahlen: individuelle Lösung, je nach verwendetem Wörterbuch

Schwierige Konsonanten

S. 17, Ü 1:   **Karteikarte Nomen:** die Mitschrift, die Auskunft, die Formel, der Lernstoff, der Folienstift

Karteikarte Verben: fördern, einfallen, verschaffen, zugreifen, finden

Karteikarte Adjektive: häufig, fünffach, sorgfältig, pfiffig, frisch

S. 18, Ü 2:
- der **Fl**ug   von fliegen
- die **Fe**ile   Werkzeug
- der **Fu**nd   Entdeckung

- die **Fl**ocke   Schneeflocke
- der **Fl**egel   ungezogene Person
- **fa**de   langweilig
- er **fä**hrt   … mit dem Fahrrad

- der **Pfl**ug   Beackerungsgerät
- die **Pf**eile   Geschosse
- das **Pf**und   Gewichtseinheit
oder Währung

- der **Pfl**ock   dicker Holzstab
- die **Pfl**ege   Versorgung
- die **Pf**ade   Wege
- das **Pf**erd   Tier

S. 19, Ü 3:   **Beispiele:**

Der Vater	das Vaterland, väterlich
der Nerv	das Nervensystem, die Nervenzelle, nervenaufreibend, nervlich
das Vieh	der Viehtransporter, der Viehbestand, die Viehtränke, viehisch
voll	die Vollwertkost, vollständig, völlig

5

vordere	die Vorderachse, das Vorderdeck, der Vorderschinken, vordergründig
vor	der Vortrag, die Vorkehrung, die Vorkenntnis, vorladen, vorjährig
viel	der Vielfraß, die Vielfalt, vielerorts, vielseitig

S. 19, Ü 4: **Beispiele:**

Substantive/Nomen mit Ver-:	die Versicherung, der Verstand, der Verlust, die Verbeugung, die Verbrennung, das Versprechen
Substantive/Nomen mit Vor-:	das Vorbild, der Vorreiter, der Vorstand, der Vorspann, die Vorwahl, das Vorwort
Verben mit ver-:	verbeulen, verpacken, verlocken, verblüffen, verdunsten
Verben mit vor-:	vorhalten, vorstrecken, vorziehen, vortäuschen, vortanzen

S. 20, Ü 5: **Wie funktioniert unser Gedächtnis?**

Hirnforscher gehen davon aus, dass das menschliche Gehirn drei Gedächtnissysteme besitzt, denen jeweils bestimmte Aufgaben bei der Verarbeitung des Lernstoffs und seiner Abspeicherung zukommen.

Sensorisches Gedächtnis
Es speichert die eintreffenden Reize für Bruchteile von Sekunden. Die verschiedenen Sinne, mit denen wir diese Informationen aufnehmen, bezeichnet man als Eingangskanäle. Diese sind der Sehsinn, der Hörsinn, der Tastsinn, der Geruchssinn und der Geschmackssinn. Der größte Teil der eingehenden Informationen bleibt im Filter hängen, besonders dann, wenn sie im Moment der Aufnahme keine große Bedeutung haben oder wenn ihnen keine besondere Aufmerksamkeit beigemessen wird. Wenn sie aber als interessant empfunden werden und sie mit Gefühlen oder persönlichen Erfahrungen verknüpft sind, können sie leichter den Filter zum nächsten Speicher passieren. Dann gelangen sie in das Kurzzeitgedächtnis.

Kurzzeitgedächtnis
In diesem Speicher verweilen die eintreffenden Informationen etwa 30 Minuten. Wer diesen Lernstoff vernünftig und konzentriert mit allen Sinnen verarbeitet, behält ihn länger und kann ihn später wieder abrufen. Mit allen Sinnen erfassen heißt, die Informationen zu ordnen, sie zu veranschaulichen, aufzuschreiben und vorzulesen.

Langzeitgedächtnis
Hier werden die ankommenden Informationen dauerhaft gespeichert. Dabei stehen uns gespeicherte Informationen entweder bewusst oder unbewusst zur Verfügung. Bewusst sind uns die Inhalte des episodischen Gedächtnisses, das unsere eigene Lebensgeschichte speichert.

Das semantische Gedächtnis dagegen ist für unser Faktenwissen verantwortlich: Es nimmt den Namen der finnischen Hauptstadt ebenso auf wie die chemische Formel für Wasserstoff. Unser Gehirn erinnert sich an viel mehr, als uns bewusst ist, etwa an Bewegungsabläufe: Beim Radfahren erinnern wir uns unbewusst daran, welche Muskeln wann aktiviert werden müssen. Ein Sprichwort sagt: „Lernen und Erinnern ist ein stetiger Kampf gegen das Vergessen." Du kannst über das Vergessen triumphieren, wenn du dein Gedächtnis durch regelmäßige Wiederholungsphasen pflegst. So gelangt das Wissen immer wieder an die „Oberfläche" und bleibt dort zukünftig verfügbar.

S. 22, Ü 6: **b/p:** Eigelb, Urlaub, Lump, Stab, Prototyp, Prinzip, Betrieb, Mikroskop, Verbleib, Sirup, Club, Biotop
d/t: Defizit, Schuld, Egoist, Rad/Rat, Vorbild, Atemnot, Hydrant, Endstand, Leid, Geburt, Anstalt
g/k: Bezirk, Zeitung, Dampflok, Logik, Handgelenk, Betrug, Volk, Katalog, Prunk, Berg, Mahlwerk, Dialog

S. 22, Ü 7:

-ig oder -ich?	Verlängerungsprobe	richtige Schreibweise
unzähli?	unzählige Zuschauer	unzählig
windi?	das windige Wetter	windig
stritti?	ein strittiges Thema	strittig
einheitl?	das einheitliche Aussehen	einheitlich
widerwärti?	widerwärtiges Lachen	widerwärtig
menschl	ein menschliches Auftreten	menschlich
unvermeidl?	ein unvermeidlicher Fehler	unvermeidlich
lästi?	die lästige Fliege	lästig
sommerl?	die sommerliche Kleidung	sommerlich
abfälli?	eine abfällige Bemerkung	abfällig

S. 23, Ü 8: **End**betrag, **end**los, tug**end**lich, dräng**end**
entgegen, **end**en, **Ent**fernung, **ent**behren
wiss**ent**lich, **Ent**wurf, glänz**end**, **Ent**lassung
geleg**ent**lich, **ent**lang, umfass**end**, un**end**lich

7

Entwarnung, entlang, abendlich, Endfassung
verenden, aneignend, Entwurf, entfachen

S. 24, Ü 9:   Allein durch wahlloses Unterstreichen behaltet ihr kaum etwas. **Seid** (V) also sparsam damit und konzentriert euch auf Aussagen, die bedeutsam sind.
Seit (P) einiger Zeit fertige ich bei längeren Texten zusätzlich Notizen an.
Ich habe mir angewöhnt, auf dem Notizblatt einen breiten Rand zu lassen, auf dem ich noch im Nachhinein Ergänzungen, Fragen oder wichtige Begriffe einfügen kann. **Seitdem** (K) ich das mache, kann ich den Stoff besser ordnen und wiederholen.
Informationen lassen sich grafisch übrigens auch in einer Mindmap zusammenfassen. Diese Methode wurde von spanischen Mönchen erfunden und existiert schon **seit** (P) dem 16. Jahrhundert.
Natürlich verwendete man damals noch nicht den heute üblichen englischen Ausdruck. Erst **seitdem** (K) das Englische Einzug gehalten hat in die Fachsprachen, gibt es diese Bezeichnung für „Gedächtniskarte".
Ich habe festgestellt, dass ich die Textinformationen besser verstehen kann, wenn ich sie nicht nur aufschreibe, sondern sie auch in meinen eigenen Worten laut wiedergebe. Auch wenn es euch seltsam vorkommt: **Seid** (V) mutig und sprecht euch selbst oder anderen vor, was ihr gerade gelesen habt.

S. 25, Ü 10:   Stadtrand, Gaststätte, Großstadt, Stadtbummel, stattlich, anstatt, Städter, Statthalter, erstatten, bestatten

S. 26, Ü 11:   **Computerspiele und Gehirn**

Seid ihr auch intensive Computerspieler? Dann sind die folgenden Forschungsergebnisse auch für euch interessant: Seit einigen Jahren untersucht nämlich ein Forscherteam aus Hannover den Einfluss von Computerspielen auf die Lernleistung von Jugendlichen. In einem Experiment sollten 360 Versuchspersonen eine Kunstsprache lernen, die sich die Wissenschaftler ausgedacht hatten, sie sollten Vokabeln pauken. Dazwischen gab es aber auch Pausen, in denen die Teilnehmer mit unterschiedlichen Beschäftigungen konfrontiert wurden: Eine Gruppe spielte harte Computerspiele, eine zweite harmlose, nicht gewalttätige Spiele. Die restlichen Teilnehmer bildeten eine Kontrollgruppe: Sie durften sich beim Tischtennis entspannen. Bei allen wurden im Anschluss daran gemessen, wie viele Vokabeln sie sich schlussendlich gemerkt hatten. Seid ihr neugierig auf das Endresultat dieser Studie? Zusammenfassend ist festzustellen, dass diejenigen, die sich nach dem Lernen bewegt haben, eine bis zu 50 % bessere Lernleistung erbracht haben als die Spieler von gewalttätigen Computerspielen. Dieses Ergebnis entspricht den Erwartungen der Forscher, die damit die sogenannte Löschungshypothese bestätigt sehen. Nach dieser Hypothese wird gerade neu aufgenommenes Wissen von starken emotionalen Reizen, wie sie beispielsweise bei Computerspielen entstehen, überschrieben. Das Neue kann dann nicht mehr richtig abgespeichert werden, weil der Kurzzeitspeicher durch die rasanten Spiele so vollgestopft ist, dass er letztendlich überläuft und nur noch Bruchstücke der Informationen ans Langzeitgedächtnis weitergeben kann. Wenn ihr euch zum Beispiel nach einer abendlichen Lerneinheit zu den Hauptstädten Europas entspannen wollt, solltet ihr, anstatt den Computer einzuschalten, lieber eine Tätigkeit ausüben, bei der ihr euch bewegt.

S. 28, Ü 12:

F	U	L	A	N	F	A	N	G	S	Z	R	D	S	S	M
U	R	N	B	U	I	T	A	R	H	H	T	R	B	C	V
W	A	C	H	S	T	U	M	V	J	W	N	E	O	H	G
T	X	K	F	A	S	R	Y	I	U	G	S	C	L	W	X
Z	A	I	H	Q	O	I	H	W	P	H	G	H	K	E	F
I	C	G	K	B	K	N	M	U	C	K	S	S	N	N	P
G	D	Z	S	U	J	G	R	U	F	O	U	E	I	K	U
H	I	W	Z	U	Y	S	B	Z	I	N	X	L	C	S	D
E	M	E	O	E	B	C	S	M	S	F	L	N	K	T	E
N	S	C	Q	S	T	E	N	V	B	E	K	A	S	T	I
D	V	K	H	B	A	D	R	O	R	K	T	C	I	U	C
O	B	S	A	C	Z	R	P	G	Q	S	Z	I	P	P	H
P	G	S	P	S	C	N	U	R	S	T	R	A	C	K	S
B	E	Z	I	R	K	S	L	I	G	A	W	T	V	E	E
A	H	T	D	B	F	D	O	K	G	S	U	S	J	O	L
Q	L	Ä	N	G	S	A	C	H	S	E	D	M	R	P	D
L	J	W	C	N	E	W	F	L	E	H	V	E	J	C	K
W	E	R	K	S	L	E	I	T	E	R	I	M	L	W	E

waagerecht: anfangs, Wachstum, Mucks, schnurstracks, Bezirksliga, Längsachse, Werksleiter

senkrecht: zwecks, rings, Ekstase, drechseln, Knicks, schwenkst, Deichsel

diagonal: tagsüber, Büchse

S. 29, Ü 13: **Wörter aus dem Wortstern:** Examen, exakt, Text, existieren, Beatrix, fix, Praxis, mixen, exotisch, faxen, Express, Experte, exzellent, Expedition

Examen extrem

Um die Abgabe meiner **Examens**arbeit gab es eine ziemliche Aufregung. **Exakt** zwei Tage vor dem Abgabetermin stürzte nämlich mein Computer ab, wodurch der gesamte **Text** gelöscht wurde. Ich hatte zwar keine aktuelle Kopie auf einem Datenträger, aber zum Glück **existierte** eine Version, die ich meiner Freundin **Beatrix** per E-mail geschickt hatte. Ich rief sie **fix** an. Allerdings war sie nicht zu Hause, da sie tagsüber in einer **Praxis** arbeitet. Zur Beruhigung **mixte** ich mir einen Multivitaminsaft aus **exotischen** Früchten. Abends erreichte ich sie endlich und bat sie, mir die Unterlagen zu **faxen** oder per **Express**dienst zu schicken. Am nächsten Tag bestellte ich einen **Experten** für die Reparatur des Computers. So konnte ich die Arbeit noch rechtzeitig abliefern und bestand die Prüfung mit einer **exzellenten** Note. Trotzdem hoffe ich, dass mir das nicht noch einmal passiert, denn die Aufregung um die gelöschte Datei war anstrengender als eine **Expedition** zum Südpol.

Teste dein Wissen 2

S. 30, Ü 1: **Der perfekte Start in den Tag**

Schokoriegel und Limonade zum Frühstück? Das hört sich ein wenig extrem an für die erste Mahlzeit des Tages. Tatsache ist jedoch, dass viele Menschen ein äußerst kohlenhydrathaltiges Frühstück in Form von Marmeladenbrötchen und gezuckertem Kaffee zu sich nehmen. Gemeinhin gilt ein solches Morgenmahl als Energielieferant für das Gehirn. Doch es hat sich herausgestellt, dass das Gegenteil richtig ist: Schnell verfügbarer Zucker am Morgen lähmt das Merk- und Denkvermögen, wenn der Tag beginnen soll. Das Gehirn braucht zwar Glukose, also Traubenzucker, als Treibstoff, doch ein Überangebot führt im Endeffekt dazu, dass das Hormon Cortisol freigesetzt wird. Das ist gut für Fluchtreaktionen oder Kampf, aber schlecht für Gedächtnisleistungen. Was sollte man also essen? Forscher haben festgestellt, dass das Gehirn am besten bei langsamer und geringer Glukosezufuhr arbeitet: 25 Gramm Glukose oder 100 Kalorien sind am effektivsten. Das entspricht zum Beispiel einer Banane. Der Stoffwechsel muss ihre Kohlenhydrate erst aufspalten, wodurch das Gehirn nur langsam versorgt wird. Optimal sind auch Orangensaft, Vollkornhaferflocken oder Müsli, wenn es wenig Schokolade enthält. Auch Vollmilch ist ein sehr geeigneter Energielieferant. Warmfrühstücker sind auch mit einem Spiegelei gut bedient. Im Eigelb befinden sich ein paar Kohlenhydrate, während das Weiße pures Eiweiß enthält. Wer also im stressigen Schulalltag einen klaren Kopf bewahren möchte, sollte morgens statt weißer Marmeladenbrötchen besser Bananenquark essen. So könnte die Angst vor dem Sitzenbleiben vielleicht auch mit einer morgendlichen Nahrungsumstellung bekämpft werden.

Lang und kurz ausgesprochene Vokale

S. 33, Ü 1:

kurz ausgesprochener Vokal	lang ausgesprochener Vokal
still	der Stiel/der Stil
die Masse	die Maße
das Schiff	schief
der Schall	der Schal
der Fall	fahl
bitten	bieten
füllen	fühlen
die Quallen	die Qualen
das Riff	(er) rief
straffen	strafen
spucken	spuken
das Lamm	lahm
die Starre	die Stare

S. 34, Ü 2: die Mütze/die Mücke, die Stütze/die Stücke, der Blitz/der Blick, verletzen, schätzen, vernetzen, entdecken, die Entwicklung, die Hitze, stickig, witzig, flitzen/flicken, die Matratze, wickeln/witzeln

S. 34, Ü 3: der Spatz, die Grenze, die Fratze, die Wanze, der Scherz, stolz, petzen, ranzig, der Schmerz, die Balz, krank, sich verrenken, verwelkt, necken, dreckig, der Speck, blinken, die Bank

S. 35, Ü 4:

S	P	E	K	T	A	K	E	L	K	K	D	S
U	L	S	O	Ü	A	U	B	A	O	O	R	C
S	A	O	P	R	S	R	B	C	N	N	Ä	H
P	F	P	F	E	F	F	E	K	T	F	L	E
E	F	P	E	A	K	T	N	E	A	L	F	L
K	E	Ä	K	R	I	T	I	K	K	I	A	E
T	K	M	O	W	L	E	R	R	T	K	K	K
A	T	I	N	U	P	B	Ö	U	I	T	T	T
D	I	E	F	L	U	R	L	M	M	Ü	E	R
I	N	S	E	K	T	O	O	M	V	Z	N	I
S	N	T	K	R	E	T	K	J	L	Z	O	K
T	A	R	T	I	K	E	L	E	E	E	U	E
Z	G	A	R	C	H	I	T	E	K	T	R	
A	E	U	Z	Ö	H	E	E	T	R	I	T	T
S	T	R	I	K	T	U	P	A	K	T	E	S

waagerecht: das Spektakel, der Effekt, die Kritik, das Insekt, der Artikel, der Architekt, strikt, der Pakt

senkrecht: suspekt, der Affekt, das Konfekt, der Kontakt, der Konflikt, die Fakten/ der Fakt, der Elektriker

diagonal: das Spektrum, das Projekt

S. 36, Ü 5: **kk-Wortblume:** das Akkordeon, der Brokkoli, die Makkaroni, der Akku(mulator), der Okkultismus, der Akkusativ
zz-Wortblume: die Skizze, der Jazz, der Palazzo, der Mezzosopran

S. 36, Ü 6: **Sprache und Gehirn**

Wo ist der **Platz** der Sprache im neuronalen **Netz** des Gehirns? Erste **wissenschaftliche Erkenntnisse** lieferten im 19. Jahrhundert die **Ärzte** Broca und Wernicke durch ihre Arbeit mit **hirnverletzten** Patienten.
Der französische Neurologe Paul Broca machte sich 1861 die Gehirne gerade verstorbener Patienten, die an einer **massiven** Störung der Sprachproduktion **gelitten hatten, zunutze.** Broca **entdeckte** die **verletzte** Hirnregion und **hoffte**, die Hirnregion gefunden zu haben, in der Sprache entsteht. Diese Hirnregion (Broca-Areal) gilt auch heute als wichtiges **Sprachzentrum**, in dem **Grammatik** und **Satzstruktur** verarbeitet werden. Auch der deutsche **Arzt** Carl Wernicke **stützte** seine Forschung auf sprachliche **Ausfallerscheinungen.** Er sezierte Gehirne von Patienten, die im **Gegensatz** zu den Patienten Brocas Sprache produzieren **konnten**, aber **dennoch** nicht fähig waren, gesprochene Wörter zu verstehen.
1874 **denkt** Wernicke die Hirnregion **entschlüsselt** zu haben, die für das Verstehen von Sprache verantwortlich ist (Wernicke-Areal).

Wissenschaftler schätzen die frühen Forschungen Brocas und Wernickes. **Denn** sie zeigen, dass die inhaltliche und **strukturelle** Sprachverarbeitung in verschiedenen Gehirnbereichen **stattfindet**.
Durch **funktionelle** Bildgebungsverfahren, die biochemische und physiologische Funktionen des Gehirns **visuell darstellen, schritt** die **wissenschaftliche Entwicklung** im Galopp voran. Heute ist **bekannt**, dass eine **ganze** Reihe breit verteilter und **vernetzter** Regionen an der Sprachverarbeitung beteiligt ist.
Die heutige Forschung **nimmt an**, dass folgende **Strukturen** der Großhirnrinde eine wesentliche **Rolle** bei der Sprachverarbeitung spielen: der *gyrus temporalis superior,* der *gyrus frontalis inferior* und der *gyrus temporalis medius.* Sprache entsteht also nicht, wie Broca und Wernicke glaubten, in voneinander **abgrenzbaren** Hirnregionen.

S. 39, Ü 7:

S	R	I	N	N	S	A	L	S	E	L	T	S	A	M
C	H	E	I	N	K	L	A	I	R	O	R	E	T	
H	O	E	S	T	R	A	S	C	H	E	U	N	I	N
I	U	R	O	P	A	S	C	H	E	S	E	D	G	O
C	R	A	R	G	A	T	U	T	R	B	B	E	E	F
K	K	L	U	M	E	R	O	B	R	A	S	R	N	F
S	U	T	R	E	L	E	N	A	W	R	A	B	T	E
A	N	N	E	H	M	B	A	R	A	B	L	A	U	N
L	D	V	I	C	H	S	E	N	C	H	I	R	M	B
M	E	I	L	E	N	A	S	C	H	R	O	F	F	A
M	U	E	H	S	A	M	K	O	S	T	E	N	O	R
P	U	N	T	E	R	H	A	L	T	S	A	M	E	N
M	I	N	K	L	E	I	T	T	U	R	A	L	T	O
U	R	K	O	M	I	S	C	H	M	E	X	T	A	J
U	N	V	O	R	S	T	E	L	L	B	A	R	Z	P

waagerecht: das Rinnsal, seltsam, der Uropa, annehmbar, mühsam, unterhaltsam, uralt, urkomisch, unvorstellbar

senkrecht: das Schicksal, die Urkunde, strebsam, sichtbar, das Wachstum, lösbar, die Trübsal, sonderbar, das Eigentum, offenbar

S. 39, Ü 8: bev**o**r, einmal, geb**o**ren, get**a**n, h**e**r, h**o**len, h**ö**ren, jemand, klar, k**o**misch, nämlich, n**u**r, das **Ö**l, die Pers**o**n, der Pl**a**n, das Probl**e**m, sp**a**ren, sp**ü**len, st**ö**ren, w**e**r, w**ä**ren/w**a**ren

S. 40, Ü 9: bequem, der Querulant, die Qualifikation, die Quersumme, quälen

schwören, schon, schwer, schwül, der Schwur

die Träne, der Tunfisch, betonen, das Tal, tönen

S. 40, Ü 10:   **Wie lernen Babys sprechen?**

Noch **bevor** ein Baby **geboren** ist, beschäftigt es sich mit Sprache. Erst **einmal** muss es genau **zuhören**. **Ungefähr** ab der 27. Schwangerschaftswoche nimmt ein Embryo die Stimme seiner Mutter **wahr**. Da alle hohen **Frequenzen fehlen,** kann er **nur** die Sprachmelodie **aufnehmen**. Diese Melodie **bleibt offenbar** im Gedächtnis. Denn nach der **Geburt** empfindet das Baby diese Stimme als **sehr angenehm**. Auch **mag** das Baby sprachliche **Laute** lieber als andere **Geräusche**. In Experimenten mit einem Sensorschnuller hat man festgestellt, dass die Saugrate **deutlich** ansteigt, wenn **Säuglinge** ihre Muttersprache **hören**. Sie gefällt ihnen **nämlich schon sehr** früh besser als andere Sprachen.

Säuglinge verfügen über eine **außergewöhnliche** Fähigkeit. Sie können jeden der über 100 **Sprachlaute** der Welt erkennen und **nachahmen, egal,** ob es sich um einen chinesischen, **japanischen** oder um einen **afrikanischen Laut** handelt. Deshalb können Babys bis zum **zehnten** Monat **ohne Probleme** jede Sprache **fehlerfrei** erlernen.

Sprache wirkt auf Babys **wahrscheinlich** wie ein **seltsamer** Wortbrei, da gerade **einmal neun** Prozent der Wörter **klar** voneinander **abgrenzbar** sind. **Äußerungen** wie *Kommabitteher* werden **nur** in der Schriftsprache durch die **Leerzeichen** als einzelne Wörter **sichtbar**.
Doch wie gelingt es Babys, einzelne Wörter aus dieser Sprachsoße zu filtern? Sprache **bahnt** sich dadurch ihren **Weg,** dass Babys die **ureigenen Betonungsmuster** ihrer Muttersprache erkennen. Da das **Deutsche** auf der ersten Silbe **betont,** erkennen Babys, wenn ein neues Wort beginnt.
Zunächst gibt es ein **universales** „Lallen", dessen Silben bei Kindern in vielen Sprachen beliebt und **ähnlich** sind. Jedes Baby lallt aber ab dem sechsten Monat im Rhythmus seiner Muttersprache.

S. 42, Ü 11:

Nomen/Substantive	Verb auf -ieren
die Kommunikation	kommunizieren
die Konstruktion	konstruieren
die Stabilität	stabilisieren
die Produktion	produzieren
die Mobilität	mobilisieren
die Demonstration	demonstrieren
die Objektivität	objektivieren
die Initiative	initiieren
die Qualifikation	qualifizieren

die Sterilität	sterilisieren
die Appell	appellieren
die Provokation	provozieren

S. 43, Ü 12: ~~kommunikatil~~/kommunikativ
~~objektil~~/objektiv
~~konstruktil~~/konstruktiv
~~qualitatil~~/qualitativ
~~produktif~~/produktiv
stabil/~~stabiv~~
steril/~~steriv~~
mobil/~~mobiv~~
~~initiatil~~/initiativ
~~appellatil~~/appellativ
~~demonstratil~~/demonstrativ
~~provokatil~~/provokativ

S. 44, Ü 13: **W/wieder-Wörter:** wiederverwenden, wiederholen, wiedergeben, die Wiederbelebung
die Wiederaufnahme, wiederherstellen, wiederkäuen, die Wiedervereinigung, wiedersehen, wiederum
W/wider-Wörter: widerlegen, der Widerspruch, der Widersacher, widerspiegeln, widerborstig, widerlich
sich widersetzen, widerwärtig, widerstreben, widerstehen

S. 44, Ü 14: **Die rechte und die linke Gehirnhälfte**

Klinische Studien, die **ausschließlich** die linke Gehirnhälfte als verantwortlich für Sprache **beschrieben,** wurden **vielfach kritisiert** und sind **widerlegt.**

Um **aktiv** zu **kommunizieren,** Sprache zu **rezipieren** und zu **produzieren,** sind beide Gehirnhälften **involviert,** also einbezogen.

Forschungen **bewiesen,** dass es der rechten Gehirnhälfte **obliegt,** die Satzmelodie **sowie** die emotionale Färbung der Stimme festzulegen und zu **kontrollieren.**

Ohne die rechte Gehirnhälfte könnte **niemand Sympathie** oder **Antipathie** durch seine Stimme zeigen. Auch **Formulierungen** auf einer übertragenen Ebene oder **Ironie blieben** unverständlich.

S. 45, Ü 15: **Die ersten anderthalb Jahre**

Ab dem ~~zenten~~/zehnten (V) Monat konzentrieren/~~konzentriren~~ (i) sich Babys ~~gantz~~/ganz (V) auf ihre ~~Mutersprache~~/Muttersprache (V). Für deutsche Babys ist es ~~nunmeer~~/nunmehr (V) ~~undenkbahr~~/undenkbar (V),

15

afrikanische Laute zu erkennen/~~erkenen~~ (V) und zu imitieren/~~imitiren~~ (i). Japanische und chinesische Babys ~~könen~~/können (V) l und r nicht mehr als unterschiedliche/~~unterschihdliche~~ (i) Laute ~~warneemen~~/wahrnehmen (V)/(V).

Mit einem ~~Jar~~/Jahr (V) ~~komuniziren~~/kommunizieren (V)/(i) Kinder in langen unverständlichen Äußerungen. Mit diesem ~~seltsahmen~~/ seltsamen (V) Gebrabbel/~~Gebrabel~~ (V), das ~~exackt~~/exakt (V) die ~~Sazzmelodie~~/Satzmelodie (V) ihrer ~~Muttersprache~~/Muttersprache (V) nachahmt/~~nachamt~~ (V), ~~fülen~~/fühlen (V) sie sich in diese Sprachmelodie ein und ~~trainiren~~/trainieren (i) ihren speziellen Rhythmus.

Zwischen einem ~~Jar~~/Jahr (V) und achtzehn/~~achtzeen~~ (V) Monaten ~~stürtzen~~/stürzen (V) sich Kinder in die Vokabelarbeit und lernen ihre ersten 50 Wörter. ~~Ofenbahr~~/offenbar (V)/(V) ~~giebt~~/gibt (i) es sogenannte/~~sogenante~~ (V) ~~Merkmahllisten~~/Merkmallisten (V) in ihren Köpfen, die sie erst ~~einmahl~~/einmal (V) ~~ale~~/alle (V) Vierbeiner als Wauwaus bezeichnen lassen/~~lasen~~ (V).

~~Wisenschaftler~~/Wissenschaftler (V) nennen/~~nenen~~ (V) es Vokabelspurt, ~~wen~~/wenn (V) Kleinkinder mit ~~siebzeen~~/siebzehn (V) Monaten durchschnittlich/~~durchschnitlich~~ (V) sechs Wörter täglich lernen.

S. 46, Ü 16: **Vom zweiten bis zum fünften Lebensjahr**

Beim Verknüpfen von Wörtern **benutzen** Kinder zunächst **einmal** den **Telegrammstil**. Es entstehen **Sätze** wie *Du pusten. Leonard Arm.*

Ab circa zwei **Jahren** bilden Kinder Drei-Wort-**Sätze** wie *Mama Buch holen.* **Viele** Kinder **beginnen** aber auch **schon** damit, Verben zu **konjugieren**. *Mama holt Buch.*

Zu **Beginn** des **dritten Lebensjahres** setzen sie sich mit der **Mehrzahl**/ dem Plural auseinander, der im Deutschen **kompliziert** ist. **Sonderbar**, dass es *das Kind – die Kinder*, aber *der Hund – die Hunde* oder *der Stuhl – die Stühle* heißt.

Viele Fehler entpuppen sich als richtig **begriffene** Regeln, die **korrekt** angewendet, aber in diesem **Fall** doch falsch sind. *Mama hat das weggefegt/ich bin weggegeht.*

Bis zum vierten **Lebensjahr** haben Kinder die **schwierige** Aufgabe, **Substantive**/Nomen zu **deklinieren**.

Bis zum fünften **Lebensjahr** waren die kleinen **Sprachgenies** äußerst **kreativ**: Sie haben die **Grammatik** im Prinzip **einprogrammiert**.

Teste dein Wissen 3

S. 47, Ü 1: **Wie viele Sprachen werden auf der Welt gesprochen?**

Wissenschaftler schätzen, dass weltweit zwischen 6000 und 7000 Sprachen **existieren**. Allein in Nigeria findet **man** über 400 voneinander **abgrenzbare** Sprachen.

Es ist **schwierig**, ihre A**nzahl exakt** zu bestimmen. Denn Sprach**zählung** spiegelt auch politische **Konflikte wider**. Sprechen Serben und Kroaten Serbokroatisch oder sprechen sie Serbisch **beziehungsweise** Kroatisch?

Dutzende von Sprachforschern **wälzen** Grammatiken und Wörterbücher, um die Sprachen ferner **Völker** zu **analysieren** und zu **dokumentieren**. Ihre Arbeit **ähnelt** der der **Detektive**. Ein Drittel der **existierenden** Sprachen ist **dennoch** nicht **entschlüsselt**.

Während 50 Prozent der Menschen eine der elf großen Sprachen wie Chinesisch oder Englisch sprechen, **zählen ungefähr** 3000 Sprachen weniger als 10.000 Sprecher. Das **Risiko** ihres Aussterbens ist **relativ** hoch.

Welche Sprache ist am einfachsten zu erlernen?

Die eigene Muttersprache und diejenigen Fremdsprachen, die der Muttersprache **strukturell ähneln**, sind am einfachsten zu erlernen.

Wie viele Wörter gibt es im Deutschen?

Ein Wörterbuch der deutschen Sprache **umfasst** circa 250.000 Wörter.

Der **aktive Wortschatz** eines Sprechers ist jedoch wesentlich geringer.

In der Kategorie der Wortbildung ist die deutsche Sprache sowohl **produktiv** als auch **kreativ**. **Denn** durch die **wiederholte** Anwendung von Regeln der **Wortzusammensetzung** können unendlich viele neue Wörter **geschaffen** werden.

Liest **man** die Zeitung, so genügt ein **Wortschatz** von 3000 Wörtern.

Manche Schüler empfinden es als **quälend**, die Werke großer Dichter zu **interpretieren**. **Vielleicht** auch, weil sie in ihren Werken **ungefähr** 20.000 Wörter verwendeten.

Die s-Laute

S. 51, Ü1: **Der Himalaya**

stimmhafter s-Laut	stimmloser s-Laut		
geschrieben: s	geschrieben: s	geschrieben: ss	geschrieben: ß
Mittelasien, Achttausender, sind, riesigen, Zuhause, imposantes, Süden, Kollision, sondern, diesem, Monsunregen	West, Ost, Pakistan, Kruste, fast, herausgefunden	umfasst, Landmassen, hochgepresst, Wissenschaftler, Gesteinsmasse	größte, stießen, große

S. 52, Ü2: **Beispiele:**

leise, Wiese, lesen, sonnig, Rose	lustig, Maske	essen	süß, Straße

S. 53, Ü3: der Fuß, die Füße
das Los, die Lose
draußen
sie gießt, gießen
das Haus, die Häuser
rasen
die Fluse
der Preis, die Preise
er verreist, verreisen
er liest, lesen
das Museum
musikalisch
das Floß, die Flöße
die Laus, die Läuse
das Eis, eisig
die Wiese
Süßigkeiten

S. 54, Ü 4: **Die Gipfelstürmer, Teil I**

Im 18. Jahrhundert waren ein Großteil der fremden Länder bereist, die Kontinente waren entdeckt, nur in den Gebirgen gab es noch weiße Flecke, die es zu erforschen galt. Risikobereite Menschen, die ihre persönlichen Grenzen austesten wollten und Abenteurer, die die Herausforderung suchten, begannen die Bergwelt für sich zu erschließen. Die massiven Berge in der Mitte Europas, die Alpen, interessierten die Bergsteiger im besonderen Maße.

1786 bezwangen zwei von ihnen den höchsten Berg der Alpen, den Mont Blanc. Im 19. Jahrhundert dann waren fast alle Alpenberge bestiegen und langsam auch für Touristen zugänglich. Hotels begannen, aus dem Boden zu schießen und Seilbahnen wurden gebaut. So konnten Reiselustige das Panorama der Gipfel genießen, ohne mühevolle und gefährliche Touren auf sich zu nehmen.

Doch die Bergsteiger suchten immer neue Herausforderungen. Nach den Alpen wagten sie zu beschließen, die Achttausender des Himalayas zu erklimmen. Diese galten lange Zeit als unbesiegbar.

Erst in den 50er-Jahren konnten Bergsteiger diese außerordentlichen Felsriesen besteigen und viele ließen bei diesem Versuch ihr Leben. 1950 dann bezwangen Maurice Herzog und Louis Lachenal zum ersten Mal einen Achttausender. Sie erklommen den 8078 Meter hohen Gipfel des Annapurna. Besonders Herzog zahlte für diesen Ruhm einen hohen Preis: Er verlor sämtliche Finger und Zehen, weil sie in der eisigen Kälte erfroren waren.

S. 55, Ü 5: **Beispiele:**

wissen, die Wissenschaft, der Wissenschaftler, wissbegierig, das Wissen, der Wissensdrang, wissenswert, die Wissenslücke

hassen, der Hass, hasserfüllt, hassenswert, der Hassprediger, die Hassliebe, hassverzerrt

Wasser, die Wasserratte, der Wassersport, die Wasserpumpe, wässern, das Wasserglas, wässerig, wasserfest, der Wasserfall, die Wasserwaage, wasserstoffblond, der Wasserturm

stressig, der Stress, stressen, stressfrei, stressgeplagt, die Stresssituation, der Stressabbau, das Stresshormon

die Klasse, das Klassenzimmer, die Klassenfahrt, der Klassenlehrer, der Klassenkamerad, der Klassenraum

der Schlüssel, schlüsselfertig, das Schlüsselkind, die Schlüsselqualifikation, das Schlüsselbein, das Schlüsselbrett, das Schlüsselwort, das Schlüsselloch

S. 56, Ü 6: **Die Gipfelstürmer, Teil II**

lässt, missglückten, Entschluss, gefasst, besser, Essensvorräten, müssen, gestresst, wissen, dass, müssen, Mission, Witterungsverhältnissen, vergessen, massige, Unfassbare

S. 57, Ü 7: **Beispiele:**

Er misstraute ihrem Plan.
Sie missbilligte sein Vorgehen.
Sein Praktikum hat ihm missfallen.
Das Missverständnis sorgte für Streit.
Der Kuchen ist missglückt.
Dieses Missverhältnis muss verändert werden.

S. 57, Ü 8: **Beispiele:**

Missachtung, Missgunst, misslungen, Missgeschick, missgünstig, miss-
brauchen, Misserfolg, missgestimmt

S. 57, Ü 9: Floskel, Fenster, hastig, Wespe, Post, Durst, Muskelkater, lispeln, Maske,
Ausrüstung, leisten, räuspern, trösten, fast, muskulös, knuspern, riskieren

-st	-sp	-sk
Fenster, hastig, Post, Durst, Ausrüstung, leisten, trösten, fast	Wespe, lispeln, räuspern, knuspern	Floskel, Muskelkater, Maske, muskulös, riskieren

S. 58, Ü 10: **Beispiele:**

Gespenster, Gast, Hast, festlich, rasten, Küste, Frost, tasten, testen, finster, lustig	Knospe, raspeln, knusprig	maskieren, Moskito, Maskottchen, maskulin, Muskel

S. 58, Ü 11: **Schicksalsberg Nanga Parbat**

Neben dem Mount Everest sticht besonders der 8 125 Meter hohe Nanga
Parbat (nackter Berg) hervor, weil er eine besonders außergewöhnliche
Lage hat. Er ist nicht wie der Mount Everest von weiteren Achttausendern
umgeben, sondern er ist ein Einzelmassiv und ragt hoch aus dem Tal
auf, durch das der längste Fluss Indiens fließt. Im Süden dieses Berges
liegt die größte Fels- und Eiswand der Welt, die 4 500 Meter hohe fast
senkrecht stehende Rupal-Flanke.
Der Nanga Parbat gilt als besonders schwer zu besteigen; kein Achttausender hat so vielen Männern das Leben gekostet, bis er schließlich
am 29. Mai 1953 von dem Deutschen Hermann Buhl besiegt wurde. Alle
vorherigen 31 Versuche, diesen Berg zu besteigen, endeten tödlich.
Hermann Buhl erklomm den Gipfel im Alleingang und ohne Sauer-
stoffmaske. Er beschreibt seine Ankunft äußerst unsentimental:
„Jeder Schritt eine Überwindung, die Schistöcke habe ich zurückgelassen, auf
allen vieren krieche ich aufwärts, halte mich auf den höchsten Punkt zu.

Zwei Meter überragt die Schneeauflage den Fels, ich bin auf dem höchsten Punkt, auf dem Nanga Parbat, 8 125 Meter. Ich bin mir der Bedeutung des Augenblicks nicht bewusst, fühle auch nichts von Siegesfreude, komme mir gar nicht als Sieger vor, ich bin nur froh, dass ich heroben bin und all diese Strapazen vorläufig ein Ende haben. Hinunter wird's schon besser gehen."

Der Abstieg jedoch wird zu einem Kampf um Leben und Tod. Um im Dunkeln nicht abzustürzen, verbringt er die Nacht im Stehen an einer 50 Grad steilen Wand im Schnee, erst bei Tagesanbruch stolpert er dehydriert und halluzinierend ins Tal. Seine Mannschaft erkennt ihn kaum wieder, als er 41 Stunden nach seinem Aufbruch ins Lager zurückkehrt. Von Erfrierungen entstellt und den Strapazen gezeichnet sieht er aus wie ein Greis.

Immer wieder kostet der Nanga Parbat Menschen das Leben. Erst im Sommer 2008 verunglückte der Südtiroler Alpinist Karl Unterkircher tödlich bei dem Versuch, die 3 000 Meter hohe Rakhiot-Wand am Nanga Parbat zu durchsteigen.

S. 61, Ü 12:

E	S	T	E	R	S	P	A	R	N	I	S	D	K	W	S
U	R	L	I	Q	T	T	F	S	E	C	B	E	A	R	Z
Y	G	E	G	O	M	X	K	Ü	R	B	I	S	V	W	E
R	U	O	I	Ä	K	R	I	M	N	C	H	J	T	P	R
V	I	F	Q	G	B	E	K	E	N	N	T	N	I	S	G
B	W	I	L	D	N	I	S	K	F	F	O	W	I	V	E
M	N	H	G	E	E	I	O	T	I	U	K	A	D	E	B
O	R	U	B	E	A	T	S	P	R	G	Z	U	X	R	N
E	F	V	E	R	S	T	Ä	N	D	N	I	S	N	H	I
R	I	O	T	A	L	E	B	O	U	R	S	C	I	Ä	S
L	A	B	Z	E	U	G	N	I	S	I	G	O	R	L	L
E	N	E	G	H	A	F	A	B	E	B	L	O	S	T	R
B	H	C	S	U	B	K	A	T	F	D	Ö	B	E	N	U
N	T	R	I	T	E	G	W	E	L	I	G	O	R	I	B
I	Ü	L	T	D	A	K	A	B	O	A	U	B	R	S	Q
S	Z	O	H	I	N	D	E	R	N	I	S	A	L	N	E

waagerecht: die Ersparnis, die Ersparnisse
der Kürbis, die Kürbisse
das Bekenntnis, die Bekenntnisse
die Wildnis
das Verständnis
das Zeugnis, die Zeugnisse
das Hindernis, die Hindernisse

senkrecht: das Erlebnis, die Erlebnisse

das Verhältnis, die Verhältnisse
das Ergebnis, die Ergebnisse

diagonal: das Ereignis, die Ereignisse

S. 63, Ü 13:   **Die Todeszone**

Eine gefürchtete Bergsteigerkrankheit ist die Höhenkrankheit. Sie kann bereits ab einer Höhe von 2 500 Metern auftreten. Sie entsteht dadurch, <u>dass</u> (K) der Luftdruck und der Sauerstoffgehalt in der Luft – je höher man aufsteigt – immer niedriger wird.

Eine besonders gefährliche Höhenkrankheit ist <u>das</u> (A) Gehirnödem, <u>das</u> (R) wie folgt entsteht: Aufgrund des niedrigen Luftdrucks sammelt sich Wasser im Kopf an, <u>das</u> (R) auf <u>das</u> (A) Gehirn drückt, und schließlich <u>das</u> (A) Atemzentrum lähmt. <u>Das</u> (D) bedeutet für einen Bergsteiger den sicheren Tod.

Wissenschaftler sprechen davon, <u>dass</u> (K) man sich ab einer Höhe von 7 500 Metern in der Todeszone befindet. Denn in diesen Höhen ist die Luft so dünn, <u>dass</u> (K) sich auch ein Mensch, der optimal trainiert ist, nicht mehr erholen kann, selbst wenn er sich nicht mehr körperlich anstrengt. Ein Aufenthalt in solch Höhen ist unmöglich, ohne an der Höhenkrankheit zu sterben.

Als Reinhold Messner und Peter Haberle 1978 verkündeten, <u>dass</u> (K) sie den Mount Everest ohne Sauerstoffflaschen besteigen wollten, prophezeiten ihnen viele Ärzte, <u>dass</u> (K) ihr Gehirn dauerhaft geschädigt würde.

Die beiden Extrembergsteiger aber zeigten, <u>dass</u> (K) <u>das</u> Unmögliche doch möglich ist. Denn ihnen gelang es, den Gipfel des höchsten Berges der Welt zu erklimmen, ohne <u>dass</u> (K) sie zusätzlich Sauerstoff gebrauchten. Dabei war <u>das</u> (A) Atmen auf den letzten Metern so anstrengend, <u>dass</u> (K) die beiden sich nicht mehr aufrecht halten konnten und auf den Knien kriechen mussten. „In dieser Höhe ist <u>das</u> (A) Gehirn wie mit Watte gefüllt", sagte Messner. Und Haberle beschrieb seinen Zustand mit den Worten: „Ich trat aus mir heraus und hatte <u>das</u> (A) Gefühl, <u>dass</u> (K) da ein anderer an meiner Stelle ging."

Noch Jahre später betonten die beiden Extrembergsteiger, <u>dass</u> (K) <u>das</u> (A) gemeinsame Wagnis, den Everest ohne zusätzlichen Sauerstoff zu besteigen, extrem gefährlich war.

„Wir wussten ja nicht: Ist <u>das</u> (D) jetzt wirklich so, <u>dass</u> (K) wir mit diesem einen Drittel Sauerstoffdruck unser Auskommen finden, ohne <u>dass</u> (K) wir umkippen, ohne <u>dass</u> (K) wir sterben?" Und Messner erinnerte sich: „Es war schon so, <u>dass</u> (K) wir jede Rastpause uns angeschaut haben, sind wir noch bei Trost, ist es noch verantwortbar oder nicht."

Weil <u>das</u> (A) Risiko, <u>das</u> (R) Messner und Haberle eingegangen waren, vielen Bergsteigern zu hoch ist, gebrauchen fast alle eine Sauerstoffflasche, wenn sie in diese Höhe aufsteigen.

S. 64, Ü 14:   **Beispiele:**

Artikel:
Das neue eröffnete Brandhorst Museum in München ist beeindruckend.
Das Regenwetter hat die Sommerferien vieler Schüler beeinträchtigt.
Das Reiten ist eine anspruchsvolle Sportart.

Demonstrativpronomen:
Das ist prima.
Das gefällt uns sehr.
Das glaube ich nicht.

Relativpronomen:
Das Brandhorstmuseum, das 2009 neu in München eröffnet wurde, ist beeindruckend.
Das Freizeitangebot in München, das sehr attraktiv ist, zieht viele Menschen in die größte Stadt Bayerns.
Das Leben in München, das sehr viel zu bieten hat, ist allerdings sehr teuer.

S. 64, Ü 15:   **Beispiele:**

Ihr Chef findet, dass sie gute Arbeit leistet.
Sie freut sich darüber, dass ihre Arbeit geschätzt wird.
Sie findet es aber nicht gut, dass ihr PC häufig abstürzt.
Der Techniker gibt zu bedenken, dass das Antivirenprogramm veraltet ist.
Er schlägt vor, dass ein neues installiert wird.
Sie weiß, dass sie darüber mit ihrem Chef sprechen muss.

S. 64, Ü 16:   **Brüderliche Speedkletterer: Die Huberbuben**

- Auf der Suche nach dem Außergewöhnlichen haben Extremsportler **das** (A) Speedklettern endeckt.
- Beim Speedklettern geht es darum, **dass** (K) eine Route in möglichst kurzer Zeit erklettert wird.
- Die Brüder Alexander und Thomas Huber zählen zu den weltbesten Speedkletterern. Ihre Touren zeigen, **dass** (K) sie wahre Grenzgänger sind.
- Bei ihren Klettergängen begeben sie sich immer in Lebensgefahr: Denn wer schnell sein möchte, hat keine Zeit, Sicherungen anzubringen. **Das** (D) bedeutet, **dass** (K) die Huberbuben oft mit nur minimaler Sicherung klettern.
- So klettert die Angst vor dem Tod immer mit. Beide versichern aber, **dass** (K) diese Angst zugleich ihr bester Schutz ist, weil sie ihre Konzentration steigert.
- Ganz wichtig ist es auch, **dass** (K) man **das** (A) eigene Können realistisch einschätzt: Hohes technisches Niveau, extreme Ausdauer, Greif-

23

und Trittpräzision und Schnell- und Maximalkraft sind **das** (A) Wichtigste in dieser waghalsigen Sportart.

- Ihre Mutter versteht nicht, **dass** (K) sich ihre Jungen ständig in Gefahr begeben.
- Aber auch sie selbst können nicht wirklich erklären, **dass** (K) sie ihr Leben immer wieder freiwillig aufs Spiel setzen.
- Sie erklären ihre Besessenheit wie folgt: „Wenn man **das** (A) Ziel, **das** (R) man sich gesteckt hat, erreicht, erlebt man ein Gefühl, **das** (R) Glück und Freiheit bedeutet. Es ist so überwältigend, **dass** (K) man es immer wieder sucht."
- **Das** (D) geht offenbar am besten, wenn man seine Grenzen immer wieder neu kennenlernt, neu auslotet und verschiebt.
- Im Oktober 2007 stellten sie einen neuen Speedrekord an dem El Capitan im Yosemite-Nationalpark in Kalifornien auf. Seine bis zu 1000 m hohen Felswände sind **das** (A) Symbol für **das** (A) Können der Speedkletterer, denn sie klettern diese Wand frei – nur mit ihren Fingerspitzen und Kletterschuhen – hinauf.
- **Das** (D) zu sehen, ist ein einmaliges Schauspiel.
- Normale Seilschaften benötigen drei bis fünf Tage, um den El Capitan zu besteigen: Die Huberbuben schafften **das** (D) in nur zwei Stunden, 45 Minuten und 45 Sekunden.
- Klassische Bergsteiger kritisieren **das** (A) Speedklettern oft. Sie bemängeln, **dass** (K) der Berg zu einem Turngerät herabgesetzt wird.
- Immer wieder aber betonen die Huberbuben, **dass** (K) sie der Natur mit Respekt und Ehrfurcht begegnen.
- Für die Huberbuben bedeutet ihr Sport ihr Leben, **das** (R) ohne **das** (A) Speedklettern nicht mehr denkbar wäre.

Teste dein Wissen 4

S. 66, Ü 1:   **Reinhold Messner, Teil I**

Einer der berühmtesten Bergsteiger ist Reinhold Messner, der 1944 in Südtirol zur Welt kam. Bereits als Kind geno**ss** er es, in den Bergen zu klettern. Er war gerade einmal fünf Jahre alt, als er gemein**s**am mit seinen Eltern seinen er**s**ten Dreitau**s**ender bestieg. Seine frühe Liebe zu den Bergen vertiefte sich während seiner Schulzeit und auch nach dem Abitur immer weiter. Mit Mitte 20 hatte sich Reinhold Messner bereits einen Namen in der Kletterszene gemacht. 1970 gelang ihm ein gro**ß**er Erfolg: Er bezwang den Nanga Parbat über die fa**s**t senkrechte Rupal-Flanke, die bis dahin als unbezwingbar galt. Diese au**ß**erordentliche Lei**s**tung jedoch wurde dadurch überschattet, da**ss** seinem jüngeren Bruder diese Tour das Leben ko**s**tete. Er wurde durch eine Ei**s**lawine erfa**ss**t und starb. Diese Tragödie jedoch hielt Messner nicht davon ab, weiter Berge zu besteigen und seine Grenzen auszute**s**ten. Wie ein Be**s**e**ss**ener stürzte er sich in die Welt der Berge. Er bestieg alle 14 Achttausender-Gipfel, darunter den

Mount Everest, den er 1978 mit Peter Haberle ohne Sauerstoffgerät erklomm. Eine Sensation: Ärzte hatten vorausgesagt, dass sie beide bleibende gesundheitliche Schäden davontragen würden, denn in einer Höhe von 8000 Meter ist der Sauerstoffgehalt in der Luft so gering, dass das Gehirn auf Dauer geschädigt werden kann.

Zählt man alle seine Bergsteigungen zusammen, so kommt man auf 3 500, 100 davon hat er als erster Mensch bestiegen.

S. 67, Ü 2: **Reinhold Messner, Teil II**

Die Abenteuerlust von Reinhold Messner beschränkt sich jedoch nicht nur auf das Bergsteigen. So durchquerte er beispielsweise 1989 / 1990 mit Arved Fuchs zu Fuß die Antarktis: In 92 Tagen kämpften sie sich bei Temperaturen bis minus 40 Grad durch die weiße Unendlichkeit von 2 800 Kilometern. Mit 60 Jahren wagt er 2004 erneut ein großes Abenteuer, das er schon seit Jahren realisieren will und durchquert die Wüste Gobi auf seine ganz besondere Weise. Ohne logistische Unterstützung, ohne Partner und mit minimaler Ausrüstung macht er sich auf die 2 000 Kilometer lange Reise durch die trockenste Wüste der Welt. Sein Gepäck besteht aus einem Rucksack mit zehn Kilogramm Gewicht, einem 40 Kilogramm schweren Wassercontainer und einer GPS-Uhr. Während dieser Reise ist er also besonders auch angewiesen auf die Unterstützung der Nomaden. Über diese Wüstenbewohner äußert sich Messner sehr begeistert: „Diese Menschen sind großherzig und die besten Gastgeber, die ich kennengelernt habe. Ich hatte Erfolg, weil die Einheimischen jeden, der reist, aufnehmen und versorgen. In diesem Netz der Gastfreundschaft bin ich durch die Wüste gegangen."

Diese ganzen Extremwanderungen gelingen ihm, obwohl ihm nach seiner Nanga Parbat Besteigung sechs Zehen amputiert werden mussten. Reinhold Messner ist nicht nur ein Extremsportler, er hat auch zahlreiche Bücher verfasst, engagiert sich für den Umweltschutz und hat fünf Jahre als Parteiloser für die Grünen im Europaparlament verbracht. Im Anschluss daran er in seiner Heimat ein großes Museum aufbaute, das aus fünf unterschiedlichen Häusern besteht und 2006 eröffnet wurde. Es befasst sich im besonderen Maße mit dem Verhältnis zwischen Mensch und Berg.

Groß- und Kleinschreibung

S. 71, Ü 1: **Superhero Donald Delpe**

- Der vierzehnjährige Donald Delpe lebt ein ganz normales Leben, bevor <u>etwas</u> **Unfassbares** alles verändert: Er erkrankt an Leukämie.
  Der vierzehnjährige Donald Delpe lebt ein ganz normales Leben, bevor <u>eine</u> **unfassbare** Diagnose sein Leben völlig verändert. Er erkrankt an Leukämie.

- Schon bald nach dem **Ausbrechen** der Erkrankung weiß er, dass das **Schlimmste** eintreten wird: Schon bald, nachdem die Erkrankung ausgebrochen ist, weiß er, dass es sehr **schlimm** um ihn steht. Er wird sterben.
- Donald fehlt die Bereitschaft, mit seiner Familie und seinen beiden besten Freunden über seine Krankheit zu **reden**. Zum **Reden** über seine Krankheit fehlt Donald die Bereitschaft.
- Beim **Zeichnen** seiner genialen Comics gelingt ihm das **Abtauchen** in die Welt seiner Geschichten. Kurzzeitiges **Vergessen** gelingt.
- Donald kann genial **zeichnen** und es gelingt ihm, in die Welt seiner Geschichten **abzutauchen**. Es gelingt ihm, kurzzeitig zu **vergessen**.
- Manches **Schockierende** aus dem Krankenhausalltag wird zynisch dargestellt. Der manchmal **schockierende** Krankenhausalltag wird zynisch dargestellt.
- So zeigen seine Comics ständiges **Spritzen** von Blut, das **Splittern** von Knochen, ekliges **Hervorquellen** von Adern und Venen, ohrenbetäubendes **Explodieren** von Monitoren und anderen Krankenhausapparaturen. Auch sieht man Krankenschwestern im Lara-Croft-Outfit **beim Verabreichen** von Chemikalien in todbringenden Dosen. In seinen Comics sieht man ständig Blut spritzen, Knochen splittern, Adern eklig hervorquellen und Monitore sowie andere Krankenhausapparaturen ohrenbetäubend **explodieren**. Auch sieht man Krankenschwestern im Lara-Croft-Outfit Chemikalien in todbringenden Dosen **verabreichen**.
- Sex ist **allgegenwärtig** in seinen Comics. Das **Allgegenwärtige** des Sex in seinen Comics zeigt, dass Donald sich vollständig in der Pubertät befindet.
- Diese Zeichnungen verurteilt seine Mutter aufs **Schärfste**. Am schärfsten verurteilt seine Mutter die Gewaltdarstellungen.
- Er lässt seinen Comichelden, den **unverwundbaren** und **unsterblichen** Miracleman, gegen den miesen Doktor Gummifinger und dessen Assistentin **kämpfen**. **Dieses Kämpfen** seines Helden Miracleman gegen den miesen Doktor Gummifinger und dessen Assistentin zeigt den uralten Konflikt zwischen Gut und Böse.

S. 73, Ü 2:
- Da Donald Delpe schwerkrank ist, zählt für ihn nur das **Jetzt**.
- Ein **Irgendwann** gibt es nicht mehr. Für den schwerkranken Donald Delpe zählt nur noch das, was **jetzt** passiert; was **irgendwann** sein wird, ist ihm egal.
- Bei der Entscheidung für eine Therapie wägen die Ärzte genau ab, was **für** und was gegen eine Therapie spricht. Bei der Entscheidung für eine Therapie wägen die Ärzte das **Für** und **Wider** genau ab.
- Hätte Donald im **Voraus** gewusst, was für ein toller Typ der Klinikpsychologe Dr. Adrian King ist, hätte es nicht immer dieses **Aber** bei dessen Vorschlägen gegeben. Donald konnte **aber** nicht **voraussehen**, was für ein toller Typ der Klinikpsychologe Dr. Adrian King ist.

- Michael und Ralf nehmen <u>die</u> **Acht**, um Donald in der Klinik zu besuchen. <u>Die</u> **Drei** sind seit fast **acht** Jahren beste Freunde.
- Die Beziehung zu seinen beiden Freunden ist seit seiner Krankheit <u>ein</u> <u>ständiges</u> **Hin** und **Her**. In Donalds Kopf schießen tausend Gedanken **hin** und **her**.
- Eine Zeitlang ist es mit der Freundschaft **aus**. Donald hat sich bewusst <u>ins</u> **Aus** manövriert und lebt nur noch für seine Comics.

S. 75, Ü 3:
- Nach dieser Erfahrung bestimmt die Frage *„Was wäre wenn?"* **alles**.
- Das **Einzige**, was für David zählt, ist dem eigenen Schicksal zu entkommen.
- Für ihn ist jeder **Einzelne** dem Schicksal ausgeliefert und es gibt nur **wenige/Wenige**, mit denen es das Schicksal gut meint; die **meisten/Meisten** werden auf harte Proben gestellt.
- David beschließt, dem Schicksal zu entfliehen, indem er sich eine neue Identität zulegt. Alles **andere/Andere** wird nebensächlich.
- Dies sieht im **Einzelnen** so aus: David ändert seinen Namen in Justin, legt sich einen sonderbaren Kleidungsstil zu, beginnt mit dem Marathonlauf und erfindet Boy, den Windhund.
- Boy ist der **eine/Eine**, der seine Gedanken begleitet, die **andere/Andere** ist die vier Jahre ältere Fotografin Agnes, in die er sich verliebt.
- Außer den **beiden** gibt es keinen mehr in seinem Leben, da er für viele zu schräg geworden ist. David wird zum Außenseiter.
- Doch das **Ganze** scheitert. Obwohl er alles **Mögliche** versucht, dem Schicksal ein Schnippchen zu schlagen, ziehen ihn mehrere Schicksalsschläge in einen gefährlichen Strudel.
- Die Ironie des Schicksals liegt im **Übrigen** darin, dass David versucht, vor den Katastrophen wegzurennen und doch immer genau im falschen Moment da ist.

S. 76, Ü 4:

Großschreibung	Kleinschreibung
von Neuem	von neuem
von Weitem	von weitem
seit Längerem	seit längerem
bis auf Weiteres	bis auf weiteres
ohne Weiteres	ohne weiteres
binnen Kurzem	binnen kurzem
Großschreibung + Getrenntschreibung	**Kleinschreibung + Zusammenschreibung**
an Stelle	anstelle

auf Grund	aufgrund
im Stande	imstande
in Frage	infrage
mit Hilfe	mithilfe
zu Grunde	zugrunde
zu Gunsten	zugunsten
von Seiten	vonseiten
auf Seiten	aufseiten

S. 76, Ü 5:   **Donald Delpe und die Liebe**

Donald Delpe ist ein schräger Vogel, der nur <u>beim</u> **Zeichnen** und **Skizzieren** etwas von <u>seinem</u> **Inneren** nach **außen** lässt. <u>Sein</u> **Inneres** wird schon <u>seit</u> **längerem/Längerem** von Hormonen durcheinandergewirbelt.

<u>Beim</u> **Erfinden** seiner Geschichten fällt Donald <u>alles</u> **Mögliche** ein, darunter <u>manches</u> **Machohafte** und **Obszöne**. In seiner Fantasie gibt es <u>kaum</u> **Jugendfreies**. Kämen die Filme in seinem Kopf ins Kino, würden die Zensoren <u>alles</u> in Donalds Augen **Interessante** herausschneiden und <u>nichts</u> **übriglassen**. Sein Comicheld Miracleman bekommt jede, die ihm gefällt, und dies locker <u>im</u> **Vorbeigehen**.

Dass <u>das</u> **Ganze** mit seinem wirklichen Leben nichts zu tun hat, wird dem Leser sehr schnell klar. Donald hatte noch nie eine Freundin, was <u>im</u> **Wesentlichen** an seiner Schüchternheit liegt.

Er ist verzweifelt über die Ungerechtigkeit, sterben zu müssen und noch nichts erlebt zu haben. Für ihn gibt es nur noch <u>das</u> **Hier** und **Jetzt** und <u>nichts</u> **Wichtigeres** als die Antwort auf die Frage „Wie geht die Liebe?". <u>Sein</u> **Sterben** kann er akzeptieren, aber er will nicht als männliche Jungfrau **sterben**.

Der Psychologe Dr. Adrian King ist <u>der</u> **Erste** und **Einzige** in der Klinik, dem Donald vertraut. Donalds größten Wunsch zu erfüllen, wird für Dr. King <u>zum</u> absoluten **Muss**. **Nach** <u>vielem</u> **Hin** und **Her** findet er Tanya, eine Prostituierte. Dr. King entführt Donald nachts von der Intensivstation und gibt ihn in ihre Obhut. Nun ereignet sich <u>etwas</u> **Überraschendes**. Donald zückt seinen Skizzenblock und beginnt zu **zeichnen**.

Fotografisch <u>genaues</u> **Skizzieren** dieser schönen Frau verlangt absolut <u>exaktes</u> **Führen** des Fineliners und <u>hochkonzentriertes</u> **Arbeiten**. Denn Donald will, dass dieses Bild besser wird als eine Fotografie.

Er möchte sie nur zeichnen, weil er mit so einer tollen Frau nichts **überstürzen** will. Eine Antwort auf die Frage „Wie ist das, wenn man Sex hat?" bekommt Donald trotzdem. Tanya gibt ihm eine interessante Antwort …

S. 79, Ü 6: der Indische Ozean, der Große Wagen, das Erste Deutsche Fernsehen, das Statistische Bundesamt, Ludwig van Beethoven, Heinrich der Achte, der Schiefe Turm von Pisa, die Blaue Moschee, die Goldenen Zwanziger, die Vereinigten Staaten, der Nahe Osten, der Westfälische Frieden, das Deutsche Rote Kreuz, das Internationale Olympische Komitee, die Deutsche Bahn, die Europäische Union

S. 80, Ü 7: die Aachener Printen / der englische Tee
die Mailänder Scala / die italienischen Schuhe
der Kölner Dom / der Berliner Bär
das Londoner Design / die französischen Maler
die Istanbuler Musikszene / der Frankfurter Römer
die grimmschen Märchen / die Grimm'schen Märchen
der Münsteraner Zoo / die salomonische Weisheit
die Mecklenburgische Seenplatte / die marokkanischen Basare
das ohmsche Gesetz / das Ohm'sche Gesetz

S. 81, Ü 8: Sehr geehrte Mitglieder der Kritikerjury,

aufgrund **Ihrer** Nominierung des Jugendromans „Was wäre wenn" für den Deutschen Jugendliteraturpreis 2008 haben wir dieses Buch im Deutschunterricht gelesen. Nach einer ausführlichen Besprechung des von **Ihnen** als herausragend bewerteten Buches möchten wir **Ihnen** unsere Meinung darlegen.

Schade, dass wir nicht wissen, nach welchen Kriterien **Sie** vorgehen, um Bücher für diesen Preis vorzuschlagen. Denn wir können uns **Ihrem** Urteil nicht ganz anschließen.
Im Gegensatz zu **Ihnen** sind wir natürlich keine Profis, wenn es darum geht, Bücher zu beurteilen. Nehmen **Sie** uns unsere Kritik also bitte nicht übel. Vielleicht liegt es ja auch in **Ihrem** Interesse, Schülermeinungen zu hören, die **Sie** dann in **Ihre** Überlegungen zur Verleihung des Jugendliteraturpreises einbeziehen könnten.

Wie **Sie** sind wir der Meinung, dass die Grundidee des Buches überzeugend ist. Meg Rosoff erzählt die Geschichte des fünfzehnjährigen David Case, der Angst vor der Zukunft hat, sein Schicksal als bedrohlich empfindet und diesem zu entkommen versucht, indem er seine Identität verändert. Es ist **ihr** gelungen, dieses Spiel mit Identität anschaulich zu machen.
Auch die Sprache hat uns gefallen, da **sie** einfach und jugendnah ist.

Im Gegensatz zu **Ihnen** finden wir aber, dass die Geschichte den Leser nicht wirklich fesselt. Vielleicht liegt es daran, dass **sie** manchmal sehr konstruiert ist und ein roter Faden fehlt. Meg Rosoff schreibt **ihre** Geschichte so, dass man die Veränderung der Hauptpersonen, **ihre** Gedanken, Gefühle und die Motivation **ihres** Handelns nicht wirklich nachvollziehen kann.

Erscheint **Ihnen** unsere Kritik als völlig unberechtigt? In Erwartung **Ihrer** Antwort verbleiben wir mit freundlichen Grüßen.

Ihre 9b

P.S.
Trotz aller Kritik, die **Sie** bitte richtig verstehen, hat es uns Spaß gemacht, das Buch zu lesen. Unser unbedingter Lesetipp ist „Simpel", der Roman der französischen Autorin Marie-Aude Murail.

S. 83, Ü 9:
- Eines **Nachmittags** rettet der 15-jährige David Case seinen einjährigen Bruder Charlie gerade noch vor dem Sturz aus dem Fenster.
- Seit diesem **Donnerstagnachmittag** sieht er sein eigenes Leben, das ihm gestern noch so sicher erschien, vom Schicksal bedroht.
- Von **früh bis spät** malt David sich Horrorszenarien aus.
- Er liegt **nachts** wach und entscheidet dann, dass sein eigenes Ich verschwinden muss.
- Ab **morgen** soll alles anders werden.
- Am **Sonntagmorgen** ändert David seinen Namen in Justin, legt sich einen sonderbaren Kleidungsstil zu und beschließt, mit dem Marathonlauf zu beginnen.
- Er trainiert **montags, dienstags, mittwochs, donnerstags, freitags** und **samstags.**
- Nur **sonntags** nicht, da er **sonntagmorgens** gerne lange im Bett liegt und seinen Gedanken nachhängt.
- David hat **gestern Nachmittag** die Fotografin Agnes kennengelernt und sich in sie verliebt.

Teste dein Wissen 5

S. 85, Ü 1:

der Deutsche Jugendliteraturpreis 2008	☒
der deutsche Jugendliteraturpreis 2008	☐
das Zweite deutsche Fernsehen	☐
das Zweite Deutsche Fernsehen	☒
das zweite deutsche Fernsehen	☐
der hamburger Hafen	☐
der Hamburger Hafen	☒
die einsteinsche Relativitätstheorie	☒
die Einstein'sche Relativitätstheorie	☒
die Einsteinsche Relativitätstheorie	☐
freitagsabends	☐
freitags abends	☒
freitagabends	☒
Freitag abends	☐
eines Freitagabends	☒

gestern Nachmittag	☒
gestern nachmittag	☐
morgen früh	☒
morgen Früh	☒

S. 85, Ü 2:   **Simpel, Teil I**

Der 22-jährige Barnabé, genannt Simpel, lebt aufgrund / auf Grund einer geistigen Behinderung schon seit längerem / seit Längerem im Heim Malicroix.

Simpel ist geistig auf dem Niveau eines Dreijährigen und liebt sein Stofftier Monsieur Hasehase ohne Wenn und Aber. Monsieur Hasehase ist das Wichtigste in seinem Leben. Er braucht ihn zum Reden und Besprechen seiner Pläne. Für seinen siebzehnjährigen Bruder Colbert wird die Vorstellung, dass Malicroix für immer Simpels Zuhause sein soll, etwas ganz Unerträgliches.

Nach längerem Überlegen und vielem Hin und Her beschließt er, Simpel aus dem Heim zu holen, auch wenn er Angst hat, das Ganze zu schultern. Er ist sich im Klaren darüber, dass es am vernünftigsten gewesen wäre, wenn ihr Vater sich darum gekümmert hätte. Der aber ist mit seinem eigenen Leben beschäftigt. So ist Colbert der Einzige, der Verantwortung übernimmt.

S. 86, Ü 3:   **Simpel, Teil II**

Die beiden / ~~Beiden~~ ziehen nach Paris und erleben beim Suchen / ~~suchen~~ einer Wohnung viel ~~diskriminierendes~~ / Diskriminierendes. Schließlich werden sie von einer Studenten-WG akzeptiert, in der auch ohne Simpel schon ziemliches Durcheinander / ~~durcheinander~~ herrscht.

In dieser WG, in der jeder ~~einzelne~~ / Einzelne allerlei ~~kompliziertes~~ / Kompliziertes zu bewältigen / ~~Bewältigen~~ hat, leben das Studentenpärchen Aria und Emanuel sowie Enzo und Corentin, Arias Bruder. Das ~~tragische~~ / Tragische aber ist, dass auch Enzo Aria liebt. Er versucht seine unglückliche Liebe beim ~~schreiben~~ / Schreiben eines Romans zu verarbeiten.

Durch das ~~distanzlose~~ / Distanzlose in seiner kindlich-naiven Art, das ~~negieren~~ / Negieren jeglicher Privatsphäre, das fortwährende und ungefragte ~~mitteilen~~ / Mitteilen der eigenen Meinung, aber auch durch die feinen Antennen für die Sorgen und Nöte seiner Mitbewohner, schafft Simpel binnen ~~kurzem~~ / Kurzem Verwirrung bei allen und bringt so ihre Welten ins ~~wanken~~ / Wanken.

Sie merken, dass Simpel etwas ~~besonderes~~ / Besonderes ist und in vielem / ~~Vielem~~ recht hat. So verändern sie alle im Laufe des Romans ihre Blickwinkel und ihr Leben.

Zusammenschreiben oder getrennt schreiben?

S. 90, Ü 1:   **Beispiele:**

auf- aufstehen, aufwecken, aufholen, aufhorchen, aufkleben, aufräumen, aufnehmen, aufhängen, aufregen, aufhören

mit- mitmachen, mitarbeiten, mitbestimmen, mithelfen, mitlaufen, mitnehmen, mitschreiben, mitspielen, mitreißen, mitreden

um- umkehren, umkippen, umkleiden, umdrehen, umarmen, umgraben, umleiten, umringen, umsteigen, umziehen

weg- wegziehen, weglaufen, weggucken, wegfahren, weglassen, wegwerfen, wegnehmen, wegräumen, wegbringen, wegschicken

S. 90, Ü 2:   **Beispiele:**

bei-	unter-	zu-
beistehen	unterhalten	zujubeln
beipflichten	unterbrechen	zuheften
beibringen	unterstellen	zubeißen
beitreten	unterliegen	zuhören
beimischen	unterkriegen	zunicken
beikommen	unterziehen	zuhalten
beilegen	untertauchen	zureden
beimessen	unterstellen	zubinden
beimengen	unterbreiten	zudrehen
beisteuern	unterbelichten	zuflüstern
beitragen	untergraben	zuordnen
beifügen	unterdrücken	zureiten
beisetzen	unterhaken	zulächeln
	unternehmen	zugreifen

S. 91, Ü 3:
- Die Klassenarbeit muss leider **wiederholt** werden.
- Sie hatten sich so viele Jahre nicht gesehen, dass sie sich fast nicht **wiedererkannt** hätten.
- Er wollte nicht **zurückbleiben**, sodass er sein Tempo steigerte.
- Weil sie nach der Party zu müde war, um nach Hause **zu gehen**, schlief sie bei der Gastgeberin.

- Die Kritik des Ausbildungsleiters hat ihm sehr **zugesetzt**.
- Die beiden sollten aufeinander **zugehen**, um den Streit beizulegen.
- Die Klassenarbeit ist gut ausgefallen. Das wird **daher kommen**, dass wir uns konzentriert vorbereitet haben.
- **Zurück bleibt** ein wenig Misstrauen.
- Sie musste **wieder erkennen**, dass sie für das Bewerbungsgespräch zu schlecht vorbereitet war.
- Kannst du mir bitte den Federball **wieder holen**, er liegt im Nachbargarten?
- Wir sind leider gar nicht **dazu gekommen**, uns ausgiebig zu unterhalten.
- Wir haben dieses Referat **zusammen vorbereitet**.

S. 92, Ü 4:   laufen lernen
tanzen gehen
lesen üben
getrennt leben
spazieren gehen
geschenkt bekommen
verloren gehen
gestört werden
gefangen nehmen
schätzen lernen
warten lassen
bestehen bleiben

S. 92, Ü 5:   **Beispiele:**
1. Das Spazierengehen am Sonntag gehört für viele Menschen zu einem schönen Wochenende.
2. Beim Tanzengehen lernt man viele nette Leute kennen.
3. Regelmäßiges Leseüben schult die Schnelligkeit beim Lesen.
4. Beim Laufenlernen erleiden Kleinkinder oft Stürze.
5. Das Bestehenbleiben alter Traditionen ist vielen Menschen ein großes Anliegen.
6. Das Verlorengehen menschlicher Wärme und Werte geht alle etwas an.

S. 92, Ü 6:
- Leider ist mein neues Auto gleich bei der Probefahrt <u>liegengeblieben</u>.
- An meiner Facharbeit habe ich lange gearbeitet. Das Ergebnis kann sich aber auch <u>sehenlassen</u>.
- Obwohl ich viel Arbeit habe, habe ich heute alles liegen lassen, um ins Freibad zu gehen.
- Mein Patenkind hat meine Lieblingsvase fallen lassen.
- Ich habe meine Präsentation lange vorbereitet, sodass ich kein einziges Mal <u>steckengeblieben</u> bin.
- Wir haben uns so heftig gestritten, dass sie mich einfach <u>stehenlassen</u> hat.
- Ich habe meine schönste Jacke in der Schule hängen lassen.

S. 93, Ü 7: **Beispiele:**

weg sein, stark sein, hier sein, klein sein, erwachsen sein, traurig sein, glücklich sein, mutig sein, lustig sein, hungrig sein, müde sein, wichtig sein

S. 93, Ü 8: **Sinnestäuschungen, Teil I**

Verben mit Vorsilben zusammenschreiben	Zwei aufeinander-folgende Verben getrennt schreiben	Verben mit dem Hilfsverb sein getrennt schreiben
aufzunehmen	geschenkt bekommen	sicher zu sein
umzuwandeln	werden können	heller sein
weiterzuleiten	schätzen wissen	
zurückzuführen	gemacht hat	
überlastet	täuschen lassen	
einordnen	verarbeiten kann	
	gelernt hat	
	führen lassen	
Verben mit Vorsilben getrennt schreiben		
dazu kommt	aussehen muss	

S. 94, Ü 9: **Sinnestäuschungen, Teil II**

Eine Weisheit sagt, dass der Mensch nur das glaubt, war er mit eigenen Augen **gesehen hat**. Wie du gerade aber selbst **herausgefunden** hast, entspricht das, was wir mit den Sinnesorganen **wahrnehmen können**, nicht immer der Wirklichkeit. Also sollten wir unseren Augen nicht zu viel Vertrauen **entgegenbringen**. Denn gerade Täuschungen im visuellen Bereich sind sehr häufig. Vielleicht hast du auch die folgende Situation schon **kennen gelernt/kennengelernt**.

Ein Reisender, der in einem stehenden Zug sitzt, glaubt oft, dass seine Fahrt **weitergeht**, wenn auf dem Nebengleis ein Zug **losfährt**. Dieses **Losfahren** des Nachbarzuges wird vom Gehirn falsch als das **Losfahren** des eigenen Zuges interpretiert.

Aber wir können uns auch von den anderen Sinnesorganen auf das Glatteis **führen lassen**. So können wir nicht immer **sicher sein**, dass das Gehör alle Reize, die **eingehen**, richtig deutet. Wenn man beispielsweise eine große Muschel an das Ohr hält, glaubt man ein Meeresrauschen zu hören, tatsächlich aber wird nur das Rauschen des eigenen Blutes aus der Muschel **zurückgeworfen**.

Hast du Lust, noch bei einem weiteren Experiment **dabei zu sein**, um zu erfahren, dass auch der Tastsinn getäuscht **werden kann**? Dann greif einmal mit **überkreuzten** Fingern an deine Nasenspitze. Wahrscheinlich fühlst du nun zwei Nasen. Denn durch die **ungewöhnliche** Lage der Finger lässt sich das Gehirn irritieren und nimmt zwei unterschiedliche Berührungspunkte wahr.

S. 96, Ü 10: Atem holen, Mut fassen, Anteil nehmen, Hoffnung schöpfen, Zeitung lesen, Feuer speien, Furcht haben, Ski fahren, Ausschau halten, Rat suchen, Angst einflößen, Aufsehen erregen, Not leiden, Erfahrungen sammeln, Besorgnis erregen, Abschied nehmen, Recht haben, Atem rauben, Ohren spitzen, Herz erweichen, Gewinn bringen, Ruf schädigen, Verwirrung stiften, Sport treiben, Schmutz abweisen, Blut stillen, Stress auslösen, Arbeit suchen

S. 97, Ü 11: **Blind für Gesichter**

- Eine in der Wissenschaft Aufmerksamkeit erregende/aufmerksamkeitserregende Störung ist die Gesichtsblindheit.
- Viele Not leidende/notleidende Betroffene, die merken, dass mit ihnen etwas nicht stimmt, wissen gar nicht, dass sie eine seltene Störung haben.
- Du kannst dir bestimmt vorstellen, dass Betroffene vielen Stress auslösenden/stressauslösenden Situationen ausgesetzt sind.
- Gesichtsblinde hingegen müssen Zeit raubende/zeitraubende Strategien entwickeln, die aber ganz wichtig für ihr soziales Leben sind.
- Brillen tragende/Brillentragende Menschen machen es Gesichtsblinden leichter.
- Dieses ist für sie ein bis heute Furcht einflößendes/furchteinflößendes Erlebnis.
- Bei einem Arzt Rat suchende/ratsuchende Betroffene werden enttäuscht.
- Eine Erfolg versprechende/erfolgversprechende Therapie gibt es nicht.
- Dennoch gelingt es den meisten Gesichtsblinden gut, mit ihrem immer wieder Staunen erregenden/staunenerregenden Handicap zu leben.

S. 98, Ü 12: **Beispiele:**

Beim Geigespielen muss sie sich sehr konzentrieren.
Beim Tangotanzen vergesse ich meinen Alltag.
Tiefes Atemholen gilt als Entspannungstechnik.
Durchs Bücherlesen kann man neue Welten erkunden.
Langes Radfahren ist gutes Ausdauertraining.

Das Autofahren erfordert bei den immer voller werdenden Straßen eine hohe Konzentration.
Beim Spaßhaben werden Glückshormone freigesetzt.

S. 98, Ü 13: irreführen, stattfinden, leidtun, haushalten, danksagen, teilnehmen, heimkommen, preisgeben, kopfrechnen, seiltanzen, wettlaufen, schlafwandeln, wetteifern, stattgeben

S. 99, Ü 14:

W	S	Q	H	A	L	T	M	A	C	H	E	N	G	N
D	T	Z	I	M	H	R	D	E	T	A	R	J	L	E
V	A	J	E	A	W	I	H	A	H	D	H	O	P	M
N	U	P	K	S	S	P	E	C	I	B	K	N	A	C
Z	B	R	U	S	T	S	C	H	W	I	M	M	E	N
U	S	R	L	H	F	X	F	T	Z	R	I	E	T	G
O	A	F	I	A	T	C	S	G	U	M	L	A	L	E
G	U	G	S	L	J	B	S	E	P	G	A	G	S	I
A	G	Y	T	T	W	N	G	B	E	J	D	V	H	W
B	E	C	O	E	D	K	H	E	G	K	K	C	P	U
E	N	V	K	N	M	L	G	N	Y	Q	I	N	O	S
R	A	M	T	V	K	W	M	E	C	D	G	J	L	M
M	A	R	A	T	H	O	N	L	A	U	F	E	N	K
Z	G	H	Q	J	S	T	K	I	U	E	W	K	S	I
R	I	K	X	U	F	D	E	J	A	T	Z	F	E	Q

waagerecht: Halt machen/haltmachen
Brust schwimmen/brustschwimmen
Marathon laufen/marathonlaufen

senkrecht: Staub saugen/staubsaugen
Maß halten/maßhalten
Acht geben/achtgeben

S. 100, Ü 15:
- Mein Patenkind Julian kann keine Minute still sitzen.
- Du solltest beruflich ein wenig kürzertreten, sonst wirst du noch krank.
- Der Angeklagte wurde freigesprochen.
- Die Nachricht hat sie glücklich gemacht.
- Weil Anke den Geburtstag ihrer besten Freundin vergessen hat, hat sie das Gefühl etwas gutmachen zu müssen.
- Obwohl Elisabeth zunächst eifersüchtig war, hat sie ihr Brüderchen lieb gewonnen.
- Unser Philosophielehrer legt Wert darauf, dass wir logisch denken.
- Leider ist mein Plan schiefgegangen.

- Sie hat so hell gelacht, dass alle gute Laune bekamen.
- Wenn man beim Joggen zu schnell läuft, ist man rasch aus der Puste.
- Sie ist in der Reitstunde schwer gestürzt.
- Wenn du so lieb guckst, kann ich dir keinen Wunsch abschlagen.
- Die praktische Führerscheinprüfung ist ihr <u>schwergefallen</u>.
- Ich habe sehr viele Bewerbungen geschrieben, weil ich <u>sichergehen</u> wollte, dass ich einen Ausbildungsplatz bekomme.
- Deine Vermutung ist <u>naheliegend</u>.
- Du solltest meine Bedenken ernst nehmen.
- Ich brauche morgens sehr lange, um wach zu werden.
- In den Sommerferien habe ich mich herrlich erholt.
- Sie hatten <u>hochfliegende</u> Pläne.
- In diesen Schuhen kannst du auf der Wanderung nicht sicher gehen.
- Bei einem Referat sollte man deutlich sprechen, damit alle gut zuhören können.
- Sie haben ihre Abmachung schriftlich <u>festgehalten</u>.
- Bei der Diskussion haben sich die Schülervertreter die Köpfe <u>heißgeredet</u>.
- Dein Abendessen hat fantastisch geschmeckt.

S. 102, Ü16: hellhörig, süßsauer, dunkelhaarig, hellgelb, nasskalt, hellrot, kleinlaut, dunkelgelb, lauwarm, taubstumm, feuchtwarm, großspurig, vieldeutig, kleinmütig, großzügig, hellwach, zweifach

S. 103, Ü17:

kalt:	bitterkalt
neu:	brandneu
vorsichtig:	übervorsichtig
mutig:	todesmutig
ehrlich:	grundehrlich
jung:	blutjung
empfindlich:	überempfindlich
plötzlich:	urplötzlich
faul:	grundfaul
schnell:	superschnell
aktiv:	hyperaktiv

S. 104, Ü18:

heiß	heiß	hell	hell
heißersehnt	heiß ersehnt	hellleuchtend	hell leuchtend
heißumstritten	heiß umstritten	helllodernd	hell lodernd
heißumkämpft	heiß umkämpft	hellstrahlend	hell strahlend
heißbegehrt	heiß begehrt	hellscheinend	hell scheinend

gut	gut	viel	viel
gutbezahlt	gut bezahlt	vielbefahren	viel befahren
gutgemeint	gut gemeint	vielverspre-chend	viel versprechend
gutgelaunt	gut gelaunt	vielbeschäftigt	viel beschäftigt
gutaussehend	gut aussehend	vielgefragt	viel gefragt
gutgekleidet	gut gekleidet	vielbespro-chen	viel besprochen
gutverdienend	gut verdienend	vielgepriesen	viel gepriesen
hoch	**hoch**	**schwer**	**schwer**
hochkonzen-triert	hoch konzentriert	schwerverletzt	schwer verletzt
hochgespannt	hoch gespannt	schwerwie-gend	schwer wiegend
hochgelobt	hoch gelobt	schwerbelei-digt	schwer beleidigt
hochmotiviert	hoch motiviert	schwerbeschä-digt	schwer beschädigt
hochqualifi-ziert	hoch qualifiziert	schwerbeladen	schwer beladen

S. 105, Ü 19:

Wortgruppe	Zusammensetzung
viele Jahre lang	jahrelang
vom Wind geschützt	windgeschützt
von Blut überströmt	blutüberströmt
scharf wie ein Messer	messerscharf
den Abend füllend	abendfüllend
vom Computer gestützt	computergestützt
mit Pelz gefüttert	pelzgefüttert
dicht von Wasser	wasserdicht

arm an Sauerstoff	sauerstoffarm
lang bis zum Knie	knielang
vor Freude strahlend	freudestrahlend
von Angst erfüllt	angsterfüllt
schnell wie ein Blitz	blitzschnell
beständig gegen Hitze	hitzebeständig
tief bis zum Knöchel	knöcheltief

S. 106, Ü 20: **Michael May: Ein Blinder lernt sehen**

45 **Jahre lang** war Michael May blind. Als Dreijähriger erblindete er bei einem Unfall, den er sehr **schwer verletzt** überlebte. Im Frühjahr 2000 unterzog er sich einer **neuartigen** Operation, einer Hornhauttransplantation. Diese Operation war nicht **langersehnt/lang ersehnt**, denn Michael May hat als blinder Mensch **glücklich gelebt**.

Das **weitverbreitete/weit verbreitete** Vorurteil, dass man nur als **nichtbehinderter/nicht behinderter** Mensch **erfüllt leben** kann, hat er nie verstanden. Auch waren ihm die Risiken dieses Eingriffs **klar bewusst** und seine Erwartungen waren entsprechend **nicht groß**. Obwohl die Operation **erfolgreich verlief** und sein rechtes Auge ganz gesund ist, muss Michael May das Sehen **langsam lernen**. Wie ein **neugeborenes** Kind sieht er die Welt.

Da er bereits so **früh erblindete**, kann er sich an nichts erinnern. Formen, Farben oder Gesichter erkennt er nicht; er sieht alles das erste Mal. So wie andere Vokabeln lernen, muss er Bilder **auswendig lernen**. **Hochkonzentriert/Hoch konzentriert** lernt er Coladosen von Tomaten zu unterscheiden, da sie für ihn auf den ersten Blick **gleich aussehen**. Gesichter wird Michael May nie erkennen können. Obwohl die Gesichter seiner Frau und seiner beiden Söhne natürlich **grundverschieden** sind, kann er sie nicht auseinander halten. Besonders **schwer fällt** es ihm, seine Gesprächspartner während einer Unterhaltung anzuschauen. Hierbei strömen so **superviele** Eindrücke auf ihn ein, dass sein Gehirn diese nicht **angemessen verarbeiten** kann.

Erstaunlicherweise aber kann er auf Bewegungen **schnell reagieren**. Bälle fängt er **blitzschnell** und auf dem Fußballplatz ist er ein **ernstzunehmender** Gegner für seine beiden Söhne. Entweder sind Bewegungsmuster so **tief verankert/tiefverankert**, dass sie auch nach Jahrzehnten abrufbar sind oder aber sie werden vom Gehirn anders verarbeitet als das Erkennen von Gesichtern und Formen. Forscher gehen davon aus, dass das Sehvermögen von Michael May immer **ganz begrenzt** bleiben wird. Er ist darüber aber **nicht unglücklich**. Für ihn ist das Sehen **hyperanstrengend** und er entflieht der bunten Bilderwelt gerne und **gut gelaunt**.

Beim Skifahren schließt der vom **Sport begeisterte** Hardware-Entwickler immer noch gerne die Augen und genießt vor **Freude strahlend** die weiße Landschaft und die Dunkelheit.

S. 109, Ü 21: **Das Gehirn**

- **Soweit** man in die Menschheitsgeschichte zurückblicken kann, hat es den Menschen **irgendwie** fasziniert herauszufinden, wo das Fühlen und das Denken seinen Platz im Körper hat.
- **So viel** die Ägypter auch wussten, ihre Annahme, dass das Herz das Organ des Lebens, Fühlens und Denkens sei, sollte sich als falsch erweisen.
- Diese Auffassung wurde erstmals im 6. Jahrhundert v. Chr. von dem Phyrthagoräer Alkmaion von Kroton **in Frage/infrage** gestellt. Er hob die zentrale Rolle des Gehirns für die menschliche Wahrnehmung hervor und gilt **auf Grund/aufgrund** dieser Annahme als Begründer der erkenntnistheoretischen Hirnforschung.
- Aristoteles war mit diesen Forschungsergebnissen **überhaupt nicht** einverstanden.
- **So lange** er lebte, beharrte er darauf, dass das Herz die wichtigen Funktionen des Menschen steuert.
- 200 Jahre nach Alkmaion von Kroton machte die Wissenschaft also zunächst einen Rückschritt. **Zu merkwürdig** erschien es den Menschen, dass wirklich das Gehirn alle menschlichen Prozesse steuert.
- Heute wissen wir, dass das Gehirn das komplexeste Organ des Menschen ist. Es besteht aus **so vielen** Nervenzellen, dass man sich ihre Anzahl **gar nicht** richtig vorstellen kann.
- **Mithilfe/Mit Hilfe** von 100 Milliarden Nervenzellen, die wieder über Billionen von Synapsen miteinander verbunden sind, steuert es all unsere Funktionen.
- Alles, was wir wahrnehmen, denken und fühlen, ist ein Ergebnis dieser **sogenannten/so genannten** Neuronen.
- Es gibt **gar keinen** Bereich, auf den sie keinen Einfluss nehmen.
- Die Wissenschaft ist heute durch bildgebende Verfahren **im Stande/imstande** herauszufinden, **wie viele** und welche Gehirnregionen bei unterschiedlichen Aktivitäten beteiligt sind.
- Man weiß beispielsweise, dass das Sprachwissen in **sehr vielen** unterschiedlichen Hirnregionen vorliegt, besonders wichtig sind aber das **sogenannte/so genannte** Broca- und Wernicke-Areal.
- **So viel** die moderne Hirnforschung auch über die Funktionsweise des Gehirns herausgefunden hat, wissen die Forscher dennoch, dass in unserem Kopf noch viele Geheimnisse schlummern.
- Ob diese **irgendwann** einmal entschlüsselt werden können, ist fraglich.

- **So weit** sind wir übrigens trotz unseres Wissens von Aristoteles **gar nicht** entfernt. Auch heute noch nehmen wir uns Ereignisse, die uns berühren, zu Herzen und nicht zu Gehirn.
- **Wie viele** Redewendungen fallen dir noch ein, die das Herz und nicht das Gehirn als Zentrum unserer Gefühle ausweisen?

Teste dein Wissen 6

S. 111, Ü 1: **Der Fledermausmann Dan Kish**

Radfahren in Los Angeles ist wahrscheinlich schon für Menschen mit guten Augen ein nicht ungefährliches Unterfangen. Aufgrund des hohen Verkehrs muss man sehr **vorsichtig sein**. Dan Kish jedoch gelingt es, sich in dem Stadtverkehr sicher **fortzubewegen**, obwohl der absolut **blind ist**. Er **geht wandern**, wenn das Wetter **gut ist**, und er verreist **so viel** wie möglich. Weil er sich als kleiner Junge besonders auf Bäumen **wohl fühlte**, macht er nun seinen blinden Schülern Mut, sich in die Welt zu trauen, **unabhängig** zu sein. Er motiviert sie zum **Fußballspielen**, zum **Basketballspielen** und natürlich auch zum **Baumklettern**.
Doch wie ist das möglich? Wie kann man als blinder Mensch alle Hindernisse, die sich einem in den Weg stellen, **umgehen** und **erkennen**?
Dan Kish hat sich bereits als Kind eine Technik **angeeignet**, die der Echoortung, wie sie Fledermäuse **anwenden**, ähnelt. Diese bewegen sich sicher durch die Nacht, indem sie hohe Schreie – Ultraschallsignale – **ausstoßen**, die dann von den Hindernissen als Echo **zurückprallen** und von den Ohrmuscheln der Fledermäuse **aufgefangen** werden. Je nachdem wie dieses Echo klingt, weiß die Fledermaus, ob es sich bei dem Hindernis um eine Wand, einen Ast oder vielleicht um ein Fluginsekt handelt.
Die Vorstellung, dass das Gehör der Menschen auch Auskunft darüber **geben kann**, wie die Welt **ausschaut**, erscheint **irgendwie** merkwürdig. Viele Menschen können es sich überhaupt nicht **vorstellen**, dass man auch mit den Ohren **sehen kann**.

S. 111, Ü 2: **Von Echoortung und Klicklauten**

Aber genauso erobert sich Dan Kish trotz Blindheit sein Leben wieder zurück und **daher kommt** auch sein Spitzname Fledermausmann. Er stößt zwar keine Ultraschallsignale aus, aber er schnalzt mit der Zunge und orientiert sich an den feinen Echos, die jeder Gegenstand **zurückwirft**. Es ist so, dass kleine Objekte beispielsweise **heller klingen** als das Ausgangsschnalzen. Die Distanz wiederum lässt sich daran messen, wie lange das Echo braucht, um **zurückzukommen. Mithilfe/Mit Hilfe** dieser Technik erkennt er ein Auto auf fünf Metern Entfernung oder ein großes Gebäude auf mehrere hundert Meter.

Wenn Dan Kish unbekannte Plätze **aufsucht**, muss er zweimal pro Sekunde schnalzen, um sich zu orientieren. Oft spürt Dan Kish, dass seine Mitmenschen über sein Auftreten verwundert sind. Ein mit der Zunge schnalzender Mann wirkt nicht gerade **Vertrauen erweckend/ vertrauenerweckend**.

Soweit es möglich ist, erklärt er ihnen sein Verhalten. **Gutgemeinte/Gut gemeinte** Ratschläge, sich nicht alleine auf die Straße zu trauen, weist er **freundlich lächelnd** zurück. Da es auf Dauer sehr **anstrengend sein** kann, ständig Klickgeräusche von sich zu geben, hat Kish ein Gerät entwickelt, das ihm das Schnalzen **abnimmt** und es verfeinert. Es liefert eine Auswahl klarer Klicklaute, die man bei Bedarf lauter **stellen kann**. Das **Computer generierte/computergenerierte** Schnalzen ist dem **selbstgemachten/selbst gemachten weit überlegen**, denn sein Echo ist sehr viel klarer. Um diese Echoortung zu lernen und nutzen zu können, muss man **hart trainieren**. Dan Kish reist durch die ganze Welt, um sein Wissen **weiterzugeben** und blinden Menschen somit neue Mobilität zu eröffnen. Er möchte alle blinden Menschen darin bestärken, ihr **übervorsichtiges** Verhalten **aufzugeben** und sich ins Leben zu wagen.

Fremdwörter

S. 117, Ü1:

	Fremdwort-schreibung	ins Deutsche übernommene Schreibweise
?otogra?ieren	photographieren	fotografieren
die ?otovoltaik	die Photovoltaik	die Fotovoltaik
die ?otosynthese	die Photosynthese	die Fotosynthese
?otogen	photogen	fotogen
(die) Geogra?ie	(die) Geographie	(die) Geografie
die Autobiogra?ie	die Autobiographie	die Autobiografie
die Kalligra?ie	die Kalligraphie	die Kalligrafie
die Gra?ologie	die Graphologie	die Grafologie
(das) Gra?ikdesign	(das) Graphikdesign	(das) Grafikdesign
der Choreogra?	der Choreograph	der Choreograf
das Mega?on	das Megaphon	das Megafon
die ?onetik	die Phonetik	die Fonetik

das Saxo?on	das Saxophon	das Saxofon
franko?on	frankophon	frankofon

S. 118, Ü 2: Vorstellungskraft: Fantasie
schwarzer Leopard: Panter
gesellige und äußerst intelligente Walart: Delfin
abgetrennter Stadtbezirk, in dem häufig diskriminierte Minderheiten leben: Getto
große Makrele: Tunfisch
eingedickte Sauermilch: Jogurt

S. 119, Ü 3: das Asthma, das Phänomen, der Rhythmus, die Methode, der Philosoph, die Rhetorik, das Thema, der Apostroph, der Athlet, die Euphorie

S. 119, Ü 4: **1. y-Wortblume:** das System, die Hygiene, die Hypnose, hysterisch, der Pyromane, die Sympathie
2. y-Wortblume: hyperaktiv, das Asyl, psychisch, der Märtyrer, die Lyrik, zynisch

S. 120, Ü 5:
Koryphäe	bedeutende Persönlichkeit/Gelehrter
Ethik	Lehre vom sittlichen Wollen und Handeln des Menschen
Metapher	bildlicher Ausdruck ohne das Vergleichswort wie
Phrase	abgegriffene, leere Redensart/Geschwätz
phlegmatisch	träge/schwerfällig/gleichgültig
Hemisphäre	Erdhälfte
Antipathie	Abneigung/Widerwillen
Bibliothek	(wissenschaftliche) Bücherei
Diphthong	Doppellaut (ei, eu, au, ai, ie, ou)
Antithese	der These entgegengesetzte Behauptung
pathetisch	feierlich/übertrieben/gefühlvoll
Kathedrale	bischöfliche Hauptkirche

S. 121, Ü 6:

Nomen/Substantive	Verben mit der Endung -ieren
die Installation	installieren
das Experiment	experimentieren
das Interesse	interessieren
die Faszination	faszinieren
die Analyse	analysieren
die Reanimation	reanimieren

die Operation	operieren
die Motivation	motivieren

S. 121, Ü 7: **iv-Wortblume:** progressiv, innovativ, aggressiv, effektiv, definitiv, relativ, subjektiv
ent-Wortblume: kompetent, resistent, permanent, eloquent, renitent, korpulent, insolvent
il-Wortblume: zivil, fragil, taktil, mobil, agil, stabil
ziell-Wortblume: potenziell, essentiell, substanziell, artifiziell, differenziell, existenziell

S. 121, Ü 8:

Nomen/ Substantive	-iv	-il	-ziell/-tiell	-ekt	-ent
die Provokation	provo-kativ				
die Konsequenz					konse-quent
die Existenz			existenziell/ existentiell		existent
die Perfektion				perfekt	
die Mobilität		mobil			
die Intelligenz					intelli-gent
die Stabilität		stabil			
die Kommu-nikation	kom-muni-kativ				
die Tendenz			tendenziell		
die Naivität	naiv				
die Infanti-lität		infantil			
die Intensität	intensiv				
die Finanzen			finanziell		
die Koope-ration	koope-rativ				

S. 122, Ü 9: **-tion:** die Konzentration, die Infektion, die Sensation, die Integration, die Spekulation, die Isolation
-tät: die Priorität, die Spontaneität, die Attraktivität, die Solidarität, die Nervosität, die Qualität
-ik: die Mimik, die Panik, die Lyrik, die Komik, die Kritik, die Ethik
-ismus: der Fanatismus, der Optimismus, der Kapitalismus, der Realismus, der Parallelismus, der Zynismus

S. 125, Ü 10:

Englisch	**„Denglisch"**
to chat	chatten
to chill	chillen
to cruise	cruisen
to dis	dissen
to fax	faxen
to flirt	flirten
to google	googeln
to groove	grooven
to mail	mailen
to mob	mobben
to pierce	piercen
to rap	rappen
to rave	raven
to recycle	recyceln/recyclen
to scroll	scrollen
a SMS	simsen
to zap	zappen

S. 126, Ü 11:

Perso-nal-form	Präsens	Perfekt	Präteri-tum	Plus-quam-perfekt	Futur I	Futur II
1. Pers. Sg.: ich	maile	habe gemailt	mailte	hatte gemailt	werde mailen	werde gemailt haben

2. Pers. Sg.: du	mailst	hast gemailt	mailtest	hattest gemailt	wirst mailen	wirst gemailt haben
3. Pers. Sg.: er, sie, es	mailt	hat gemailt	mailte	hatte gemailt	wird mailen	wird gemailt haben
1. Pers. Pl.: wir	mailen	haben gemailt	mailten	hatten gemailt	werden mailen	werden gemailt haben
2. Pers. Pl.: ihr	mailt	habt gemailt	mailtet	hattet gemailt	werdet mailen	werdet gemailt haben
3. Pers. Pl.: sie	mailen	haben gemailt	mailten	hatten gemailt	werden mailen	werden gemailt haben

S. 126, Ü 12: voipen, phishing, Browser, Provider, Chatroom, Mouseclick, E-Mail, Homepage, online, Domaine, Cyberspace, Download, Lanparty, Hypertext, Blogger, User, Update, Community

S. 127, Ü 13: **Monsieur Boursier**

M. Boursier, ein Bankier von respektablem Renommee, verlässt sein nobles Appartement im 18. Arrondissement heute einmal ohne Café crème und Croissant, jedoch nicht ohne sein wichtigstes Accessoire: ein beigefarbenes Zigarrenetui. Da der Chauffeur Malaisen mit seiner Bandscheibe hat, bleibt die Limousine in der Garage. Doch für M. Boursier ist dies kein Malheur. So promeniert er ein wenig an den Quais der Seine entlang und flaniert an teuren Boutiquen vorbei.

Im Foyer seiner prestigeträchtigen Bank angekommen, überreicht ihm der Portier ein wichtiges Dossier. En passant streift er die Portraits seiner Ahnen mit einem kurzen Blick und erreicht sein Büro in der obersten Etage. Nach der Lektüre des Dossiers kontrolliert er ohne großes Engagement einige Wertpapiere. Heute fehlt ihm der nötige Esprit und er lässt seine Gedanken schweifen. Plötzlich hat er eine Idee. Couragiert gibt er – natürlich unter Chiffre und in einer seriösen Zeitung – eine Annonce auf.

Kultivierter Bankier sucht charmante Sie, die sich ohne Fauxpas auf dem Terrain der Crème de la Crème bewegt, auf einer Vernissage ebenso parliert wie beim Diner des Ministers und etwas vom Savoir-vivre versteht.

Lösungswörter:

der Monsieur, der Bankier, respektabel/respektablem, das Renommee, nobel/nobles, das Appartement, das Arrondissement, der Café crème, das Croissant, das Accessoire, beige(farben/-farbenes), das Zigarrenetui, der Chauffeur, die Malaisen, die Limousine, die Garage, das Malheur, promenieren/promeniert, der Quai/die Quais, die Seine, flanieren/flaniert, die Boutique/die Boutiquen, das Foyer, prestige(trächtig/-trächtigen), der Portier, das Dossier, en passant, das Portrait/die Portraits, das Büro, die Etage, die Lektüre/der Lektüre, das Dossier/des Dossiers, kontrollieren/kontrolliert, das Engagement, der Esprit, die Idee, couragiert, die Chiffre, seriös/seriösen, die Annonce, kultiviert/kultivierter, der Bankier, charmant/charmante, der Fauxpas, das Terrain, die Crème de la Crème, die Vernissage, parlieren/parliert, das Diner, der Minister/des Ministers, das Savoir-vivre

S. 128, Ü 14:

Mode/Kosmetik	Essen und Trinken
das Negligé/Negligee, der Satin, der Teint, das Rouge, das Parfum/Parfüm, der Flakon, die Boutique/Butike, das Accessoire, das Necessaire/Nessessär, chic/schick, die Creme/Kreme, das Dekolleté/das Dekolletee, das Dessous, das Trikot	das Baguette, der Café crème, die Crème fraîche, das Croissant, der Crêpe/Krepp, das Restaurant, das Dessert, der Chicorée/Schikoree, die Mayonnaise/Majonäse, der Gourmet, das Menü/Menu, die Bouillon, das Buffet/Büfett, der Camembert, der Champagner, das Fondue, das Filet, das Gelee

S. 129, Ü 15:

Nomen/Substantive	Verben auf -ieren/ Partizipien auf -iert
das Engagement	engagieren/engagiert
die Montage	montieren/montiert
das Detail	–/detailliert
die Blamage	blamieren/blamiert
die Annonce	annoncieren/annonciert
das Abonnement	abonnieren/abonniert
die Taille	taillieren/tailliert
das Portrait	portraitieren/portraitiert
das Arrangement	arrangieren/arrangiert
die Souffleuse	soufflieren/souffliert
die Recherche	recherchieren/recherchiert

Teste dein Wissen 7

S. 130, Ü 1:

Butik ☐
Boutique ☒
Butike ☒
Boutick ☐

Creme ☒
Kräm ☐
Kreme ☒
Krem ☒

Majonnaise ☐
Majonäse ☒
Mayonnaise ☒
Majonese ☐

Rhythmus ☒
Rytmus ☐
Rhytmus ☐
Rythmus ☐

Photograph ☒
Fotograf ☒
Photograf ☐
Fotograph ☐

S. 130, Ü 2: **Schulalltag**

- **Lyrik**, **Epik**, **Dramatik**, **rhetorische** Figuren wie **Metapher**, **Anapher** und Parallelismus sowie **Detailanalysen** einzelner **Textpassagen** rufen manchmal wenig **Euphorie** hervor.
  Was ist eigentlich ein **Enjambement**?
  (Ein Enjambement ist das Übergreifen eines Satzes in den nächsten Vers.)
- Auch die **Themen** der **Mathematik**, **Statistik**, **Stochastik** und **Differenzialgleichungen faszinieren** nicht jedermann.
  Was ist eigentlich ein **Logarithmus**?
  (Als Logarithmus bezeichnet man einen Exponenten x, mit dem eine bestimmte Basiszahl multipliziert werden muss, um einen bestimmten Zahlenwert zu erhalten.)
- Im Fremdsprachenunterricht hat die **Kommunikation Priorität**, **Grammatik**, Wortschatz und **Phonetik** sind ebenfalls **existenziell** (zumindest für den Sprachenlehrer). Für manche Schüler bleibt ein **Sprachsystem** jedoch äußerst schwierig.
  Was bedeutet eigentlich **Phonetik**?
  (Phonetik bedeutet Lautlehre; es ist die Lehre von der Art und Erzeugung aller Sprachlaute.)

S. 131, Ü3:
- ~~Fysik~~/Physik, Chemie und Biologie motivieren/~~motiviren~~ zum ~~Experimentiren~~/Experimentieren. Wissenschaftliche ~~Mehtoden~~/Methoden zur Beschreibung komplexer ~~Fänomene~~/Phänomene sind einigen Schülern dennoch suspekt/~~suspeckt~~.
Was ist eigentlich ein ~~Resusfaktor~~/Rhesusfaktor?
(Der Rhesusfaktor ist ein von der Blutgruppe unabhängiger Faktor des Blutes, der bei Blutübertragungen/Schwangerschaften schwere Störungen hervorrufen kann. Erstmalig festgestellt wurde er bei Rhesusaffen.)
- Der Kunstunterricht setzt auf ~~Innovazion~~/Innovation, Kreativität/~~Kreativitet~~ und Fantasie, auf ~~Kunstteorie~~/Kunsttheorie und -geschichte sowie auf die praktische Arbeit im ~~Atelje~~/Atelier.
Was ist eigentlich eine Vernissage/~~Vernisage~~?
(Eine Vernissage ist die Eröffnung einer Kunstausstellung.)
- Das ~~Repertoir~~/Repertoire im Musikunterricht ist niveauvoll/~~nivovoll~~, erstreckt sich vom Barock bis zur Moderne. Die Analyse ~~brillianter~~/brillanter Sinfonien ist jedoch nur etwas für Experten.
Was bedeutet eigentlich ~~Filharmonie~~/Philharmonie?
(Als Philharmonie bezeichnet man ein Spitzenorchester/den Konzertsaal eines Spitzenorchesters.)

Silbentrennung

S. 133, Ü1: schlei|fen, rau|fen, die Kat|ze, ken|nen, die Stau|de, die Paa|re, das Kli|ma, die|se, das Bü|ro, die Mu|ße, das Le|bens|werk, der Nach|mit|tag, vor|be|rei|ten, der Igel, lei|se, die Haie, der Wie|sen|klee, die Was|ser|ober|flä|che, die Mi|ni|a|tur|aus|ga|be, be|en|den, über|mü|tig, die Be|bau|ung, das See|ufer, die Zei|tungs|an|non|ce, der Ver|kaufs|raum, be|ei|len, das Ver|ständ|nis, aus|üben, die Treue, ge|trof|fen, der Mee|res|spie|gel, die Haar|span|ge, be|stel|len, die Sil|ben|tren|nungs|re|gel, bö|ig

S. 134, Ü2: be|ob|ach|ten, die Dru|cke, der Obst|korb, der Ta|cker, der Rhyth|mus, die Küs|te, ge|fähr|lich, der As|phalt, das Fuß|ball|shirt, der Kla|vier|ho|cker, die Ent|täu|schung, tren|nen, der Phi|lo|soph, die Ro|sen|stö|cke, der Pan|ther, die Su|shi|bar, ver|ros|ten, der Au|gust|abend, der Pfos|ten|schuss, ba|cken, der The|o|rie|un|ter|richt, kurz|fris|tig

S. 135, Ü 3:

Trennung nach Sprechsilben: neu	Trennung nach Wortzusammensetzung: weiterhin gültig
Pul-lo-ver	Pull-over
ei-nan-der	ein-an-der
Au-to-ri-tät	Au-tor-i-tät
He-li-kop-ter	Hel-i-ko-pter
me-trisch	met-risch
hi-nun-ter	hin-un-ter
Di-ag-no-se	Di-a-gno-se
hi-nauf-ge-hen	hin-auf-ge-hen
Sa-xo-phon	Sax-o-phon (nach dem belgischen Erfinder A. Sax)
Zyk-lus	Zy-klus

Teste dein Wissen 8

S. 136, Ü 1:   **Richtige Recherche**

Das ge|ziel|te Nachschlagen ist in|zwi|schen zu einer wichtigen Lerntechnik geworden. Es geht da|rum (auch: dar|um), möglichst schnell ge|eig|ne|tes Material zu finden und zu er|schlie|ßen. Wer weiß, wo und wie er sich In|for|ma|ti|o|nen beschaffen kann, hat einen Lernvorteil und er|spart sich außerdem Zeit. So gibt es spe|zi|el|le Fachlexika. Du schlägst zum Beispiel im na|tur|wis|sen|schaft|li|chen Le|xi|kon (auch: Lex|i|kon) nach, um etwas über Mag|ne|tis|mus (auch: Ma|gne|tis|mus) oder andere phy|si|ka|li|sche Phänomene zu erfahren. Das Geschichtslexikon vermittelt dir Wissen über Epo|chen und his|to|ri|sche Persönlichkeiten. Üb|ri|gens findest du auch im Internet solche Nach|schla|ge|be|rei|che. Beachte aber, dass es dabei oft schwer ist, die Zuverlässigkeit der Quel|len zu überprüfen. Auch in der Qua|li|tät gibt es große Un|ter|schie|de bei den Webseiten. Seiten von Behörden und In|sti|tu|ti|o|nen, die bekannt sind und als se|ri|ös gelten, sowie die Seiten von Nach|rich|ten|agen|tu|ren und Zeitungsverlagen sind in der Regel vertrauenswürdig. In|ter|net|ma|te|ri|a|li|en verleiten allerdings oft dazu, Tex|te aus|zu|dru|cken und als ei|ge|ne Gedanken in den Vortrag oder den Text zu übernehmen. Denke da|ran, Passagen, die du wörtlich über|nimmst, als Zitat zu kennzeichnen.

S. 137, Ü 2:   Dach | spoi | ler, De | li | ka | tes | se, Ei | dot | ter, Hos | tes | sen, Kauf | la | den, Nacht | ru | he, Punkt | rich | ter, Ruck | sack | rei | sen | de, Schiff | si | re | ne, Schreib | blo | cka | de, Schul | pflicht, Sil | ben | tren | nung, sie | ben | te, Teen | ager, ver | beu | len, Win | des | ei | le

Zeichensetzung

S. 139, Ü 1:
- Sag mal David, was sollte ich mir deiner Meinung nach unbedingt in Berlin ansehen? $\boxed{\text{V}}$
- Nun, Berlin hat eine ganze Menge zu bieten. $\boxed{\text{V}}$
- Wenn du einen Einblick in das „alte Berlin" erhalten möchtest, dann solltest du einen Spaziergang durch die Prachtstraße „Unter den Linden" machen. Sie beginnt an Berlins symbolträchtigstem Bauwerk, dem Brandenburger Tor. $\boxed{\text{N}}$
- Der Mittelpunkt des sogenannten „neuen Berlin", der Potsdamer Platz, ist dagegen von sehr modernen Gebäuden geprägt. $\boxed{\text{E}}$
- Er entstand innerhalb von fünf Jahren auf einer Brachfläche des sogenannten Todesstreifens, also der Grenzanlage zwischen Ost- und Westberlin. $\boxed{\text{N}}$
- Um den Tiergarten herum errichtete man nach der Wiedervereinigung das neue Regierungszentrum mit dem pompösen Bundeskanzleramt und dem sogenannten Paul-Löbe-Haus, einem Bürogebäude für die Bundestagsabgeordneten. $\boxed{\text{N}}$
- Zum Einkaufen empfehle ich dir das Scheunenviertel, wo man junge Designermode, manchmal recht ausgefallen, findet. $\boxed{\text{E}}$
- Zu diesem Viertel gehören zum Beispiel die Hackeschen Höfe, eine Häuseranlage mit engen Gassen und verwinkelten Hinterhöfen. $\boxed{\text{N}}$
- Eine weitere Einkaufsmeile ist natürlich der Kurfürstendamm, hier insbesondere das Europa-Center. $\boxed{\text{N}}$
- So, und wenn du dann Hunger hast, fährst du mit der U-Bahn in eines der Szeneviertel, und zwar nach Kreuzberg, Prenzlauer Berg oder Friedrichshain. $\boxed{\text{V}}$ $\boxed{\text{A}}$

S. 141, Ü 2:   **Die Geschichte des Reichstagsgebäudes**

- Nach der Reichsgründung im Januar 1871 trat Ende März das erste gesamtdeutsche Parlament zusammen <u>und</u> schon im darauffolgenden Monat debattierten die Parlamentarier über den Neubau eines Parlamentsgebäudes.
- In einem Architekturwettbewerb im Jahre 1882 gewann zwar Paul Wallot mit seinem Entwurf den ersten Preis, <u>aber</u> er musste seine Pläne mehrfach überarbeiten.
- Er kämpfte besonders darum, die Kuppel entsprechend seinem ursprünglichen Entwurf zentral über dem Sitzungssaal anzubringen.

Wallot betrachtete die Kuppel <u>sowohl</u> aus Gründen der Lichtwirkung im Gebäude <u>als auch</u> für die äußere Gesamtwirkung als notwendig.

- Nach Abdankung des Kaisers rief der Sozialdemokrat Philipp Scheidemann am 9. November 1918 von einem Fenster des Reichstagsgebäudes die Republik aus, <u>dagegen</u> wurde infolge der anschließenden Unruhen in Berlin die im Januar 1919 gewählte Nationalversammlung nicht in das Reichstagsgebäude, <u>sondern</u> in das Staatstheater nach Weimar einberufen.

- <u>Sowohl</u> der Beginn <u>als auch</u> das Ende der Weimarer Republik ist mit dem Reichstagsgebäude verknüpft. Der Reichstagsbrand am 27./28. Februar 1933 bot den Nationalsozialisten den willkommenen Vorwand, führende kommunistische Abgeordnete zu verhaften <u>sowie</u> wichtige Grundrechte außer Kraft zu setzen.

- Nach dem Zweiten Weltkrieg war die Reichstagsruine <u>einerseits</u> ein Symbol für die Zerstörungsgewalt des Krieges, <u>andererseits</u> bildete sie am 9. September 1948 während der Berlinblockade den Hintergrund für die gewaltige Demonstration der Berliner, bei der Oberbürgermeister Ernst Reuter seinen berühmten Appell ausrief: „Ihr Völker der Welt, … schaut auf diese Stadt", <u>und</u> damit um Unterstützung bat.

- Seit den Siebzigerjahren wurde das Gebäude <u>teils</u> für die Ausstellung „Fragen an die deutsche Geschichte", <u>teils</u> als Tagungsort für Ausschüsse des Bundestages genutzt.

- Nach der Wiedervereinigung rückte das Reichstagsgebäude durch den Bundestagsbeschluss vom 20. Juni 1991 für Berlin als Parlaments- und Regierungssitz <u>sowie</u> durch den Beschluss, das Reichstagsgebäude zum Sitz des Bundestages zu machen, endgültig in den Mittelpunkt des politischen Geschehens.

- Im Jahre 1995 machte das Gebäude allerdings nicht durch politische Schlagzeilen von sich reden, <u>vielmehr</u> stand es als Kunstobjekt im Blickpunkt der Weltöffentlichkeit. Für vierzehn Tage wurde es von den „Verpackungskünstlern" Christo und Jeanne-Claude mit Stoffbahnen verhüllt.

- Anschließend begannen die vom britischen Architekten Norman Foster geleiteten Umbaumaßnahmen, in deren Verlauf eine neue Kuppel errichtet wurde, die sich <u>einerseits</u> an der ursprünglichen Architektur orientiert, <u>andererseits</u> durch die Konstruktion aus Stahl und Glas eine hochmoderne Version darstellt.

- Man erreicht die Kuppel <u>entweder</u> über den Westeingang <u>oder</u> in Ausnahmefällen durch einen Eingang unterhalb der Freitreppe an der Westseite des Gebäudes.

S. 144, Ü 3: **Das Holocaust-Mahnmal**

- Das Denkmal für die ermordeten Juden Europas, <u>das zwischen 2003 und 2005 in unmittelbarer Nähe des Brandenburger Tors gebaut wurde</u>, ist kaum zu übersehen. ⬚R⬚

- Es stellt eine Besonderheit dar, <u>weil das Feld aus 2.711 Betonstelen vollständig zu begehen ist.</u> $\boxed{K}$
- Die Stelen, <u>die 95 cm breit und 2,98 m lang sind,</u> variieren zwischen 50 cm und 4,7 m in der Höhe. $\boxed{R}$
- <u>Obwohl 1999 der Grundsatzbeschluss für den Bau des Denkmals erfolgte,</u> wurde erst 2003 damit begonnen. $\boxed{K}$
- Viele fragen sich, <u>warum das Denkmal eine Fläche von fast 19.000 qm umfasst und nur den ermordeten Juden gewidmet ist.</u> $\boxed{F}$
- Es soll verdeutlichen, <u>dass Deutschland die Einzigartigkeit dieses Verbrechens anerkennt und die historische Verantwortung dafür übernimmt.</u> $\boxed{K}$
- Der zentrale Standort wurde gewählt, <u>damit das Denkmal für alle gut sichtbar ist.</u> $\boxed{K}$
- Kritiker fragen sich allerdings, <u>ob das Mahnmal ein angemessener Erinnerungsort ist.</u> $\boxed{F}$
- <u>Nachdem in der Öffentlichkeit viel über die Gestaltung des Denkmals diskutiert wurde,</u> hat man sich zusätzlich für einen Ort der Erinnerung unter dem Stelenfeld entschieden. $\boxed{K}$
- Diese Ausstellung, <u>die durch eine Treppe und einen Aufzug erreichbar ist,</u> informiert über die Opfer, die Orte der Vernichtung und steht in Verbindung mit anderen Gedenkstätten in Europa, Israel und den USA. $\boxed{R}$
- Außerdem stehen den Besuchern im Gedenkstättenportal Terminals zur Verfügung, <u>mit deren Hilfe man sich z. B. über die Debatten um das Denkmal informieren kann.</u> $\boxed{R}$
- <u>Wer sich über Einzelschicksale informieren möchte,</u> dem steht hier auch die Namensdatenbank der israelischen Gedenkstätte „Yad Vashem" zur Verfügung. $\boxed{R}$

S. 146, Ü 4:   **Berlin um 1900**

- Zu Beginn des 20. Jahrhunderts ist Berlin die drittgrößte europäische Metropole, <u>die Jahr für Jahr Massen von Zuwanderern aus Brandenburg, Ostpreußen und Schlesien aufnehmen muss</u> $\boxed{\text{NS 1}}$, <u>weil diese nach Arbeit im größten Industriezentrum Deutschlands suchen</u> $\boxed{\text{NS 2}}$.
- Unternehmen wie Borsig, Agfa, Siemens und AEG, <u>die Berlin zur Welthauptstadt der Hochtechnologie gemacht haben</u> $\boxed{\text{NS 1}}$, <u>indem sie Erfindungen geschickt vermarkteten</u> $\boxed{\text{NS 2}}$, vergrößern zu dieser Zeit ihre Produktionsanlagen.
- <u>Obwohl beispielsweise Siemens ein Industriegebiet, die „Siemensstadt", erschließt</u> $\boxed{\text{NS 1}}$, <u>in dem neben den Produktionsstätten auch Wohnsiedlungen für die Angestellten und Arbeiter entstehen</u> $\boxed{\text{NS 2}}$, sind Wohnungen knapp und die Mietpreise sehr hoch.
- Um 1900 leben etwa 40 % der Bevölkerung in Wohnungen, <u>die nur ein beheizbares Zimmer haben</u> $\boxed{\text{NS 1}}$, <u>das in der Regel gleichzeitig als Küche, Wohn- und Schlafzimmer dient</u> $\boxed{\text{NS 2}}$.

- Es gibt Gemeinschaftstoiletten auf dem Treppenpodest oder im Hof, die manchmal von 40 Personen benutzt werden NS 1 , da so beim Bau der neuen mehrstöckigen Mietskasernen Platz und Kosten gespart werden können NS 2 .
- Viele Familien müssen „Schlafburschen", die selbst keine eigene Wohnung haben NS 1 , aufnehmen, damit sie ihre Miete bezahlen können NS 1 .
- Andere Menschen bewohnen feuchte Neubauten, bis sie für Reichere beziehbar sind NS 1 , sodass sie zwar Miete sparen, aber ständig umziehen müssen NS 2 .
- Während dieser Teil von Berlin im Elend verharrt NS 1 , entwickelt sich aber auch ein prachtvoller Teil, der sich besonders „Unter den Linden" zeigt NS 1 .
- Wenn man dieser Prachtstraße bis zum Brandenburger Tor folgt NS 1 , erreicht man das prunkvolle Hotel Adlon, das 1907 eröffnet worden ist NS 1 .
- Die größte Sehenswürdigkeit ist neben den Bauten aber vor allem auch der Kaiser. In Zeitungen und Stadtführern wird angezeigt, wann und wo man ihn bestaunen kann NS 1 , während er z. B. an Paraden oder Denkmalsenthüllungen teilnimmt NS 2 .
- Tausende von Berlinern stehen Spalier, wenn das Gardekorps NS 1 , an dessen Spitze Wilhelm II. reitet NS 2 eingeschoben , zur Frühjahrs- oder Herbstparade ausrückt NS 1 .
- Wenn man Berlin heute besucht NS 1 , kann man sich einen Eindruck sowohl von den prunkvollen Gebäuden als auch den Industriebauten der Kaiserzeit verschaffen, indem man z. B. einen Spaziergang vom Alexanderplatz bis zum Brandenburger Tor unternimmt oder die Siemensstadt besucht NS 1 .

S. 147, Ü 5:
- Ich hoffe, dass die U-Bahn gleich kommt. Ich hoffe, die U-Bahn kommt gleich.
- Falls sie nicht kommen sollte, nehmen wir den Bus. Kommt sie nicht, nehmen wir den Bus.
- Wenn der Bus am Deutschen Technikmuseum hält, dann besuchen wird dort die Ausstellung. Hält der Bus am Technikmuseum, besuchen wir dort die Ausstellung.
- Meine Freundin hat erzählt, dass sie sehr abwechslungsreich und interessant ist. Meine Freundin hat erzählt, sie sei abwechslungsreich und interessant.
- Wenn wir anschließend noch Lust haben, dann nehmen wir die U2 zum Potsdamer Platz und fahren im Sony-Center mit dem schnellsten Fahrstuhl Europas nach oben. Haben wir anschließend noch Lust, nehmen wir die U2 zum Potsdamer Platz und fahren im Sony-Center mit dem schnellsten Fahrstuhl Europas nach oben.
- Ich nehme an, dass man von dort einen wunderbaren Blick über Berlin hat. Ich nehme an, man hat dort einen wunderbaren Blick über Berlin.

S. 149, Ü 6:   **Eine Sitzungswoche im Bundestag (Montag bis Mittwoch)**

Sitzungswochen im Bundestag folgen einem stets gleichen Grundmuster. Dies ermöglicht es den Abgeordneten, die Vielzahl ihrer Aufgaben und Verpflichtungen effizient zu organisieren.

Montag: Fraktionsvorstand
Der Abgeordnete Hans-Christian Ströbele beginnt seinen Arbeitstag damit, Anträge zu lesen, Briefe und Mails zu beantworten und sich mit seinen Mitarbeiterinnen und Mitarbeitern zu besprechen. Als stellvertretender Vorsitzender der Fraktion Bündnis 90/Die Grünen kann er seinen Tag nicht beenden, ohne an der Sitzung des Fraktionsvorstandes teilzunehmen. Danach fährt er aber meistens noch einmal ins Büro, um die angefallene Post zu bearbeiten.

Dienstag: Arbeitsgruppen und Fraktionssitzung
Wichtigster und oft längster Termin am Dienstag ist für alle Abgeordneten die jeweilige Fraktionssitzung am Nachmittag. Bei der Fraktion Die Linke hat man sich von Anfang an dazu entschlossen, diese öffentlich zu machen, anstatt hinter verschlossenen Türen zu tagen. In der Regel gehört es auch dazu, vor der Fraktionssitzung eine Pressekonferenz zu halten. Da geht es darum, von den Vorhaben der Fraktion in dieser Woche zu berichten.

Mittwoch: Ausschusssitzungen
Nach einigen Absprachen im Büro geht der Abgeordnete Josef Göppel von der CSU in den Ausschuss für Umwelt, Naturschutz und Reaktorsicherheit. Als Obmann der CDU/CSU-Fraktion ist er dafür zuständig, sich darüber zu informieren, was hier an jedem Mittwochmorgen diskutiert und beraten wird. Die Sitzung, die 23 Tagungsordnungspunkte umfasst, ist ohne Ausdauer kaum zu bewältigen. Es geht z. B. darum, einen Antrag zu verfassen, der Menschen vor Emissionen aus Laserdruckern, Laserfax- und Kopiergeräten schützen kann.

S. 150, Ü 7:   **Eine Sitzungswoche im Bundestag (Donnerstag und Freitag)**

Donnerstag: Plenarsitzung
Die SPD-Abgeordnete Mechthild Rawert hat sich darauf vorbereitet, eine zehnminütige Rede über Ernährung und Bewegung zu halten. Um 10.09 Uhr wird sie aufgerufen(,) ans Rednerpult zu treten. Sie redet davon, dringend ein Präventionsgesetz zu verabschieden und so etwas gegen den Bewegungsmangel zu tun. Sie redet von Kindern, die nicht für ihr Übergewicht verantwortlich gemacht werden können und von der Verantwortung der Gesellschaft, Bewegung wieder mehr ins alltägliche Leben zu integrieren. Sie spricht sich für die Kennzeichnung von Lebensmitteln aus, um den Verbrauchern zu verdeutlichen, welche gesund oder weniger gesund sind. Um 11.50 Uhr ist die Debatte zum Thema Ernährung beendet, am Nachmittag wird sie noch eine zweite Rede zum Walfang halten.

Freitag: Plenarsitzung

Die FDP-Abgeordnete Sibylle Laurischk ist Schriftführerin im Präsidium des Bundestages. Im letzten Tagesordnungspunkt der stattfindenden Debatte geht es um die Finanzierung des geplanten Ausbaus der Kinderkrippen. Als dreifache alleinerziehende Mutter und Mitglied im Ausschuss für Familie, Senioren, Frauen und Jugend hätte sie sich gern in diese Debatte eingemischt. Als Schriftführerin ist es der Abgeordneten aber verwehrt, selbst zu reden. Neben der Plenarsitzung ist der Tag durch Büroarbeit sowie Gespräche mit Kolleginnen und Kollegen geprägt.

S. 151, Ü 8: **Parlamentarische Begriffe**

- Die Parteien, gebildet aus Vereinigungen von Bürgern, nehmen Einfluss auf die politische Willensbildung. Sie können entsprechend der demokratischen Grundordnung frei gegründet werden.
- Die Abgeordneten des Bundestages, gewählt in allgemeiner, unmittelbarer, freier, gleicher und geheimer Wahl, sind Vertreter des ganzen Volkes. An Aufträge und Weisungen nicht gebunden (,) sind sie nur ihrem Gewissen unterworfen.
- Der Ältestenrat, bestehend aus dem Bundestagspräsidenten, seinen Stellvertretern, 23 Parlamentariern und einem Vertreter der Bundesregierung, unterstützt den Präsidenten bei der Führung der Geschäfte. Der Ältestenrat legt auch vorausschauend die Termine der Plenarwochen fest.
- Die Debatten und Beschlüsse im Bundestag vorbereitend (,) tagen Fachausschüsse. Jeder Ausschuss kann weitere Unterausschüsse einsetzen. So, einberufen zur Beratung eines bestimmten Gesetzentwurfes oder eines besonderen Problems, bereiten sie die Arbeit im Hauptausschuss vor.
- Der Bundesrat, bestehend aus Vertretern der Landesregierungen, hat 69 Mitglieder. Ausgestattet mit nach der Einwohnerzahl festgelegten Stimmen, so können die Länder bei der Gesetzgebung des Bundes mitwirken.
- Der Vermittlungsausschuss, ein zwischen Bundestag und Bundesrat fungierendes Gremium, besteht aus 16 Mitgliedern des Bundestages und ebenso vielen des Bundesrates. Seine Aufgabe besteht darin, eine Einigung zwischen Bundestag und Bundesrat zu finden, wenn vom Bundestag beschlossene Gesetze im Bundesrat keine Mehrheit finden.

S. 154, Ü 9: **Kleine Geschichte der Berliner Mauer**

„Niemand hat die Absicht, eine Mauer zu errichten", hatte der damalige DDR-Staatsratsvorsitzende Walter Ulbricht noch am 15. Juni 1961 erklärt. Doch in den frühen Morgenstunden des 13. Augusts wurden Absperrungen errichtet und Verkehrswege zwischen Ost- und Westberlin unterbrochen. In den darauffolgenden Tagen errichteten Ostberliner Bauarbeiter unter scharfer Bewachung der DDR-Grenzposten eine feste

Mauer aus großen Steinen. Dabei wurden auch Eingänge und Stockwerke zugemauert. Von einem Tag auf den anderen wurden Straßen, Plätze und Häuser voneinander getrennt, die S- und U-Bahn-Verbindungen unterbunden. Am Abend des 13. Augusts erhob der Regierende Bürgermeister von Westberlin Willy Brandt Anklage **„gegen die widerrechtlichen und unmenschlichen Maßnahmen der Spalter Deutschlands, der Bedrücker Ostberlins und der Bedroher Westberlins"**. In der Folgezeit wurden Sperranlagen weiter ausgebaut. Weit über 100.000 Bürger der DDR versuchten über die innerdeutsche Grenze oder über die Berliner Mauer zu fliehen. Mehrere Hundert von ihnen wurden von Grenzsoldaten der DDR erschossen oder starben bei Fluchtversuchen.

Zahlreiche ausländische Regierungschefs und Staatsoberhäupter der westlichen Welt kamen in den darauffolgenden Jahren immer wieder nach Westberlin, um ihre Verbundenheit zu betonen. Berühmt sind die Worte des früheren US-Präsidenten John F. Kennedy, der in seiner Rede an der Mauer seiner Solidarität durch den Ausspruch **„Ich bin ein Berliner"** Ausdruck verlieh. Konkreter war später sein Nachfolger Ronald Reagan, der 1987 den damaligen sowjetischen Partei- und Regierungschef Gorbatschow persönlich ansprach mit der Aufforderung: **„Herr Gorbatschow, reißen Sie die Mauer ein."** (wörtliche Rede!) Unbeirrt aber hielt die DDR-Führung an der Grenzbefestigung fest und noch am 19. Januar 1989 verkündete der Staatsratsvorsitzende Erich Honecker, dass **„die Mauer [...] noch in fünfzig und auch in hundert Jahren noch bestehen bleiben [wird]"**. Im Laufe des Laufe des Jahres wurde der Druck der Bevölkerung auf die DDR-Führung allerdings immer größer, sodass diese zu Zugeständnissen bereit war. Am Abend des 9. November 1989 hielt Günter Schabowski (Mitglied des Politbüros der DDR) in Ostberlin eine Pressekonferenz vor Journalisten aus aller Welt, die vom Fernsehen der DDR live übertragen wurde. Es las stockend eine Erklärung vor, nach der **„Privatreisen nach dem Ausland [...] ohne Vorliegen von Voraussetzungen – Reiseanlässe und Verwandtschaftsverhältnisse – beantragt werden [können]"**. Als Schabowski gefragt wurde, wann dies in Kraft trete, antwortete er zögerlich mit **„Das tritt nach meiner Kenntnis ... ist das sofort, unverzüglich."** (wörtliche Rede!) Gegen 20:30 Uhr trafen daraufhin erste DDR-Bürger an der Grenze in Ostberlin ein und um circa 22:30 Uhr öffnete der erste Grenzübergang, sodass zehntausende DDR-Bürger in dieser Nacht erstmals seit dem Bau der Mauer den Westteil der Stadt frei betreten konnten.

Teste dein Wissen 9

S. 157, Ü1:   **Geschichtsort Olympiagelände in Berlin**

Das Olympiastadion wurde von 1934 bis 1936 anlässlich der Olympischen Sommerspiele nach den Plänen des Architekten Werner March erbaut und stellt baulich den Mittelpunkt des sogenannten „Reichsport-feldes" dar. Es bot Platz für 100 000 Zuschauer, was es zum damaligen Zeitpunkt zu einem der größten Stadien der Welt machte. Es ist ein Beispiel für die Monumentalarchitektur des NS-Regimes. Obwohl es in den Jahren 2000 bis 2004 grundlegend modernisiert wurde, ist es noch immer ein herausragendes Geschichtszeugnis, das der Münchener Kunsthistoriker Norbert Huse als eines der „unbequeme[n] Denkmale" bezeichnet hat, weil es immer wieder an die Epoche des Nationalsozialismus erinnert.

Das Stadion besaß einen zweigeschossigen Umgang, der dafür sorgte, dass die Zuschauer es nicht nur außen, sondern auch im Inneren fast vollständig umrunden konnten. Nur an einer Stelle war dieser Umgang unterbrochen, nämlich genau gegenüber dem Hauptzugang. Dort öffne-te sich das Marathontor, den Blick auf den Glockenturm freigebend.

Die Architektur sollte bewusst an antike Stadien erinnern, was auch in der weiteren Anlage deutlich wird, denn neben dem Stadion entstand z. B. die wie ein Amphitheater gestaltete Waldbühne, in der die olympischen Turnwettbewerbe ausgetragen wurden. Heutzutage finden hier, mitten im Grünen liegend, Konzerte statt. Doch nicht nur weitere Sportstätten wie etwa ein Sommerschwimmbecken oder das Reitstadion gehörten zur Anlage, sondern auch das sogenannte Maifeld, angelegt als Gelände für Propagandaveranstaltungen. An dessen Rand befand sich der Glocken-turm, der die Olympiaglocke mit der Aufschrift „Ich rufe die Jugend der Welt – Olympische Spiele 1936" beherbergte. Im Tribünengebäude unter dem Glockenturm gibt es die Möglichkeit, eine Ausstellung zu besuchen, in der man die wechselvolle Geschichte des Olympiageländes kennen-lernt, und wem das nicht reicht, der kann außerdem einem Geschichtspfad mit 45 Tafeln in Deutsch und Englisch folgen, um an Ort und Stelle über die Entstehung und Entwicklung des „Reichsportfeldes" informiert zu werden. So, das Gelände erkundend, erhält man auch ein Gefühl von der beeindruckenden Größe der Anlage.

Das Olympiastadion selbst, übrigens das größte Stadion Deutschlands, steht für Veranstaltungen vielerlei Art zur Verfügung, kann aber auch an veranstaltungsfreien Tagen besichtigt werden. Es ist das Heimstadion des Bundesligaclubs Hertha BSC, weshalb die 400-Meter-Tartanbahn in den Vereinsfarben blau und weiß eingefärbt ist. Es finden dort aber nicht nur Sportveranstaltungen wie Fußballspiele und Leichtathletikwett-kämpfe, sondern auch Konzerte statt.

Bewerbungstraining

S. 161, Ü 1: **Das macht nicht jeder**

Die **meisten** Schulabgänger entscheiden sich immer noch für eine **Handvoll** Berufe. Die folgenden Berufe kennt kaum jemand, sie **bieten** aber gute **Chancen**.

Hafenlogistiker

In Hamburg, Wilhelmshaven oder **Rostock** sind die meisten Fachkräfte für Hafenlogistik **zuhause** (auch: **zu Hause**). Es gibt aber auch Jobs in den knapp 20 deutschen Binnenhäfen. Hafenlogistiker/innen **kontrollieren** ein- und ausgehende Ladungen, planen den **Weitertransport** der Güter oder lagern sie sachgerecht ein. Sie brauchen **Organisationstalent** und gute Fremdsprachenkenntnisse für die Arbeit. Die dreijährige Ausbildung **erfolgt** in Betrieben oder **Hafenwirtschaft**.

Kauffrau/Kaufmann im Gesundheitswesen

Krankenhäuser, Pflege- und Altenheime oder auch Krankenkassen **gehören** zu den **Einsatzgebieten** und **Ausbildungsstätten** für Kauffrauen und Kaufmänner im Gesundheitswesen. Diese Einrichtungen stehen heute immer **mehr** im Wettbewerb. Um ausreichend Patienten beziehungsweise Kunden **zu gewinnen**, müssen spezielle Angebote **entwickelt** werden: zum Beispiel moderne **Operationsmethoden** oder zusätzliche Leistungen wie **Akupunktur** oder Psychotherapie. Kaufleute im Gesundheitswesen erarbeiten daher neue, **kundenorientierte Maßnahmen** und kalkulieren die Kosten **dafür**. Sie rechnen die Leistungen mit den Kunden oder Krankenkassen ab und erledigen die **Buchführung**. Die Ausbildungsdauer **beträgt** drei Jahre.

Orthopädiemechaniker/in oder Bandagist/in

Orthopädiemechaniker/innen fertigen Prothesen, Bandagen, **Stützkorsetts** und Rollstühle nach Maß an, **warten** und reparieren sie. Da es inzwischen auch **elektronisch** gesteuerte Prothesen gibt, müssen sie sich auch mit **Elektronik**, Pneumatik und **Hydraulik** auskennen. Sie lernen diesen Beruf innerhalb von dreieinhalb Jahren in Betrieben, die orthopädietechnische Hilfsmittel **herstellen** oder in Sanitätshäusern mit an **angegliederten** Werkstätten.

Pharmakant/in

Diese Fachkräfte wiegen und **dosieren** die Stoffe, aus denen Medikamente **produziert** werden. An **Fertigungsanlagen** stellen sie Tabletten, Salben, **Cremes**, Säfte und andere Arzneimittel her. Weitere Aufgaben sind das hygienische **Verpacken** und **Lagern** der Produkte. Man erlernt diesen Beruf in einer **dreieinhalbjährigen** Ausbildung in der **Pharmaindustrie**.

S. 162, Ü 2:
1. a) Die e-Mail kam heute morgen. ☐
   b) Die e-Mail kam heute Morgen. ☐
   c) Die E-Mail kam heute morgen. ☐
   d) Die E-Mail kam heute Morgen. ☒

2. a) Die Zahl der Berufs tätigen Mütter steigt. ☐
   b) Die Zahl der Berufstätigen Mütter steigt. ☐
   c) Die Zahl der berufs tätigen Mütter steigt. ☐
   d) Die Zahl der berufstätigen Mütter steigt. ☒

3. a) Im großen und ganzen halte ich das für eine nichtssagende Rede. ☐
   b) Im Großen und Ganzen halte ich das für eine nichtssagende Rede. ☒
   c) Im großen und ganzen halte ich das für eine nichts sagende Rede. ☐
   d) Im Großen und Ganzen halte ich das für eine nichts sagende Rede. ☐

4. a) Wir können nicht ausschließen, dass sich der Verein auflöst. ☒
   b) Wir können nicht aus schließen, dass sich der Verein auflöst. ☐
   c) Wir können nicht ausschließen, dass sich der Verein auf löst. ☐
   d) Wir können nicht aus schließen, dass sich der Verein auflöst. ☐

5. a) Wenn ich Rad fahre, kann ich die Gegend besser auskundschaften. ☒
   b) Wenn ich radfahre, kann ich die Gegend besser auskundschaften. ☐
   c) Wenn ich Rad fahre, kann ich die Gegend besser aus kundschaften. ☐
   d) Wenn ich radfahre, kann ich die Gegend besser aus kundschaften. ☐

S. 163, Ü 3:
der Appell	die Aufforderung
die Konjunktur	die Wirtschaftslage
die Grafik	die Zeichnung
die Therapie	die Behandlung
der Charakter	das Wesen

S. 163, Ü 4:
- Was tun, wenn die Berufswahl schwerfällt?
- Nimm die Schulpraktika ernst, denn die Erfahrungen, die du dort sammeln kannst, sind wichtig.
- Auch Ferienjobs, die Teilnahme an Jugendfreizeiten sowie Sprachkurse im Ausland können dir bei der Entscheidungsfindung helfen.
- Ebenso hilfreich ist ein Besuch im BIZ, dem Berufsinformationszentrum der Arbeitsagentur.
- Hier gibt es Informationsbroschüren zu allen Ausbildungsberufen und Berufsberater, die deine Fragen beantworten.
- Es lohnt sich auch, Menschen in der eigenen Umgebung Fragen zu ihrem Beruf zu stellen. Oder: Es lohnt sich, auch Menschen in der eigenen Umgebung Fragen zu ihrem Beruf zu stellen.
- Geh also zum Frisör um die Ecke, zum Nachbarn mit der Versicherungsagentur oder der Cousine mit dem Maschinenbaustudium.
- Im Internetportal www.berufe-universum.de von der Bundesagentur für Arbeit kannst du außerdem einen kostenlosen Test machen, der dir Klarheit über deine Interessen verschafft.
- Klarheit verschafft dir sicher auch ein Besuch der Informationsnachmittage in den umliegenden Berufskollegs, wo du dir einen Überblick über die dort angebotenen Bildungsgänge verschaffen kannst.